DE
ESTÉRIL
A

Fértil

...MÁS ALLÁ DEL VIENTRE

ROSALINA NÚÑEZ

DE ESTÉRIL A

A

Fértil

...MÁS ALLÁ DEL VIENTRE

DE ESTÉRIL A FÉRTIL
… Más allá del vientre

© 2025 por Roselline Núñez
www.yosoyrosalina.com

3E AGENCY

Dirección de Proyecto:
3E Agency
www.3eagency.com | @3eagency

Edición:
Gisella Herazo Barrios | Agencia Arte & Expresión
www.agenciaarteyexpresion.com

Concepto de cubierta:
3E Agency www.3eagency.com @3eagency
Yirett Clemente yirettclementephotography.com | @yirettc

Adaptación de cubierta y maquetación interior:
María Alejandra Ruíz | Marema Designs para Arte & Expresión
www.maremadesigns.com

Distribuido por:

NOUBOOKS

www.noubook.es
Barcelona, España

3E AGENCY

3E Agency
www.3eagency.com | @3eagency

Library of Congress Control Number: TXu 2-454-884
ISBN: 979-8-218-51609-3
E-ISBN: 979-8-218-58864-9

Categoría: Religioso / Espiritual (Religion/Spirituality)
Impreso en Estados Unidos

DEDICATORIA

*D*edico este libro primero a Dios, por la bendición de dos milagros que hoy me llaman mamá; y por todo lo que me ha permitido vivir, aun sin merecerlo. ¡Por su perfecto amor e infinita misericordia!

A mi esposo Marlon y mis hijos Lucas e Isabella, pues son el capítulo más hermoso que Dios ha escrito en mi vida. Sin duda alguna, el Señor superó mis expectativas; y después de Él, ellos son los protagonistas de esta historia. Mi promesa cumplida, mi hogar, y después de Dios, mi lugar seguro.

A mami y papi por ser mis pilares, por formar en mí una mujer valiente, capaz, y sobre todo, con unos valores hermosos. Mis tesoros terrenales; Dios me obsequió los mejores padres. Mami y papi… ¡La nena lo logró!

CONTENIDO

Atrévete a *recibir*
el milagro de una
vida fértil.
¡Si Dios lo hizo
conmigo, también lo
puede hacer contigo!

Pudiera hablarte sobre cómo los planes de Dios siempre son perfectos para aquellos que le aman, pero solo quiero recalcar una gran verdad: Dios desea el bien para todos sus hijos. Él solo espera nuestra obediencia y confianza total; es decir, una dependencia y sujeción absoluta. El Señor quiere que le creamos y amemos como niños, que nos rindamos a Él, aunque no entendamos sus propósitos ni su forma de actuar; en fin, que podamos aceptar el plan que ha trazado para nosotros.

PRÓLOGO

En el tiempo que llevo ejerciendo el pastorado, no siempre puedo ver de inmediato el plan de Dios en una vida; a veces toma tiempo. Esto no pasó cuando vi llegar a Rosalina y su esposo a nuestra iglesia un martes de oración. Esa joven delgadita, frágil y con un espíritu sumiso, detonaba en mí la seguridad de que algo grande Dios haría en ella y en su matrimonio. Había ya un plan trazado por el gran Yo Soy, que fui entendiendo con el pasar del tiempo y a pesar de la distancia, porque después del huracán María, se fueron a vivir a los Estados Unidos.

Pudiera hablarte sobre cómo los planes de Dios siempre son perfectos para aquellos que le aman, pero solo quiero recalcar una gran verdad: Dios desea el bien para todos sus hijos. Él solo espera nuestra obediencia y confianza total; es decir, una dependencia y sujeción absoluta. El Señor quiere que le creamos y amemos como niños, que nos rindamos a Él, aunque no entendamos sus propósitos ni su forma de actuar; en fin, que podamos aceptar el plan que ha trazado para nosotros.

Esa dependencia, esa fe, esa entrega, como la de una niña, fue la que movió la mano de Dios en la vida de Rosalina. No ser sabia en su propia opinión, buscar consejo, esperar con paciencia y creer, le permitió recibir su milagro. A pesar de que todo diagnóstico médico era negativo, ella le creyó a Dios.

Antes de que ella y su esposo decidieran moverse fuera de Puerto Rico, hubo una noche especial en la que las damas de la iglesia se reunieron en un hogar para compartir la Palabra. Estando allí, el Señor me guio a poner mis manos sobre el vientre de Rosalina y literalmente sentí cómo algo entraba y se movía en su cuerpo. Sentía que Dios estaba obrando un milagro y se lo dije: había llegado el momento de recibir su bendición.

Rosalina, como la vara de Aarón, reverdecería. Números 17:8-11 dice que había doce varas, pero que la de Aarón, de la casa de Leví, reverdeció, echó flores, arrojó renuevos y produjo almendras. Rosalina, ya no sería estéril. Dios hacía lo imposible para los médicos, posible.

Le doy gracias a Dios por dejarme ser el canal para ese gran milagro, que no es el único que he podido ver en la vida de este matrimonio. Seguimos trabajando a la distancia y sigo escuchando la voz de Dios que me dice: «Los llevo aprisa a ese ministerio que viste desde el principio». ¡Gloria a Dios!

Hoy escribo un poco de lo mucho que llevo en el corazón, reconociendo que a Dios no se le escapa nada. Por eso te animo, querida lectora, a que emprendas esta pequeña travesía, que también puede ser la tuya. Súbete a la barca que te llevará a ver lo imposible, posible. No importa lo oscuro del camino, cree que al final verás la luz que será, definitivamente, la que más te convendrá ver. ¡Cree! ¡Reverdecerás y darás fruto, porque ese es el plan de Dios!

Raquel I. Montañez
Pastora Iglesia Cristiana Primicias de Amor y Fe

INTRODUCCIÓN

Mientras escucho una prédica, observo la sala de mi casa y encuentro mi hogar. Entonces siento la infinita misericordia de Dios.

Mi nombre es Rosalina, y quiero contarte cómo vi la mano delicada y sanadora de Dios operando, primero en mi corazón y luego en mi vientre.

Más allá de narrar mis vivencias, en este libro quiero testificar una gran verdad: **para Dios no hay nada imposible**. Quiero contarte cómo Dios sanó mi corazón, vendó mis heridas y formó la mujer que hoy soy para su gloria. Te contaré cómo Dios me bendijo con dos milagros que hoy me llaman mamá, y también cómo, antes de alcanzar mi tierra prometida, tuve que caminar por un largo desierto que me permitió vivir cada aprendizaje que aquí te comparto.

Este libro te ayudará no solo a conocer al Dios que me sanó, sino que te dará las herramientas para acercarte más a Él; te permitirá trabajar con las heridas que forman un corazón estéril, y te ayudará a poner en silencio los ruidos del mundo para que puedas identificar la voz de Dios y las promesas que tiene para tu vida. En resumen, te ayudará a romper con la esterilidad de tu corazón y abrir paso a la fertilidad que Dios dará a tu vida.

Quiero recordarte que, a pesar de un diagnóstico, Dios siempre tendrá la última palabra. Creo firmemente en su poder, como también sé que todo lo que Él promete, lo cumple.

De mis procesos aprendí que las pruebas son el puente para una mayor bendición y que todo, bajo el perfecto plan de Dios, siempre operará a nuestro favor. Ahora vivo en el momento preciso, precioso y perfecto que el Señor tenía escrito para mi vida; y por eso te invito a abrir tu corazón a Jesús, para que tú también puedas alcanzar ese momento preciso, precioso y perfecto que Dios tiene para ti. Porque si Él lo hizo conmigo, ¡también lo puede hacer contigo!

Jeremías 29:11

«Porque yo sé los planes que tengo acerca de
vosotros, dice Jehová, pensamientos de paz,
y no de mal, para daros el fin que esperáis».

CAPÍTULO *1*

Identidad

*A*quellos que estudian la adolescencia, la describen como una época de transición en la que dejamos de ser niños para convertirnos en adultos. Yo creo que es una transición complicada porque lucimos más adultos, pero seguimos pensando como niños, y las hormonas, al igual que una montaña rusa, nos suben y bajan en una nube de emociones, y a veces nos traicionan, dejándonos caer de vez en cuando. Lo interesante es que esto es inevitable, pues es una etapa por la que todos debemos pasar.

Recuerdo mi adolescencia con dolor. Sí, con el dolor de la endometriosis. Un dolor silencioso que millones de mujeres experimentan, pero pocos comprenden. Yo le llamo «la enfermedad invisible», la que se esconde de los rayos X y los ultrasonidos, y solo se hace visible en una sala de operaciones y en el diario vivir de millones de mujeres que la padecen. La enfermedad que llegó y se apoderó de mi vientre hasta causar mi infertilidad.

Según la Organización Mundial de la Salud (WHO)[1], la endometriosis afecta a 190 millones de mujeres y jóvenes

---

1 Consulta en línea: https://www.who.int/es/news-room/fact-sheets/detail/endometriosis.

en edad reproductiva a nivel mundial. Según la ciencia, un 50 % de las mujeres infértiles tienen endometriosis.[2]

La endometriosis es definida como un problema del sistema reproductor femenino que causa mucho dolor, especialmente durante los períodos menstruales. En esta condición, el tejido que normalmente cubre el interior del útero, crece fuera de él y actúa como lo haría el tejido normal endometrial: se engrosa, se descompone y luego es desechado del cuerpo con cada ciclo menstrual; pero debido a que este tejido no tiene forma de escapar del cuerpo, queda atrapado formando quistes, adherencias, órganos pegándose entre sí y finalmente, infertilidad.

A los quince años, el diagnóstico de endometriosis tocó la puerta de mi vientre y se apoderó de mi juventud. Crecí experimentando fuertes dolores menstruales y desbalances hormonales que me jugaban la fuerte broma de dejarme caer de vez en cuando. En aquel entonces, no conocía el poder sanador de Dios, pero ahora sé que mi dolor tenía un gran propósito: testificar lo que Dios puede hacer, a pesar de los diagnósticos, y reafirmarle al mundo que la última palabra la tiene Dios.

Los médicos les ofrecieron a mis padres la alternativa de operarme a esa edad, ya que, según ellos, mi fertilidad estaba en juego y si no se hacía, en un futuro sería imposible tener hijos. Pero mi mamá entendió que esa no era la solución y, más allá de eso, hoy sé que esa decisión iba de la mano con el plan que Dios tenía para mi vida.

---

2   Consulta en línea: https://espanol.nichd.nih.gov/salud/temas/infertility/informacion/trastornos.

Crecí en un hogar donde prevalecían los buenos valores y respetaban a Dios. Mi mamá creció en un hogar católico y mi papá en uno evangélico; cada uno respetaba sus doctrinas y ambos temían a Dios. Yo no conocía al Señor como hoy lo conozco, pero sabía que Él existe, que podíamos orar a Él, y que podía encontrar dirección en su palabra. De hecho, la Biblia siempre estuvo abierta en el cuarto de mami con su salmo favorito: el Salmo 27. Por eso, uno de mis mayores recuerdos de esa época es el de papi poniendo su mano sobre mi vientre y orando para aliviar mi dolor, y a mami consintiéndome para subirme el ánimo.

También recuerdo el famoso «acné hormonal» cada vez que me miraba al espejo. ¡Cómo olvidarlo, si este se acomodó como adorno en mis mejillas y se mantuvo conmigo durante toda mi adolescencia! Mirarme al espejo era recordar el carrusel de hormonas que dominaban mi cuerpo y mis emociones. Hoy me miro al espejo y recuerdo que siempre he sido perfectamente amada por Dios. Por eso quiero recordarte que ¡tú también lo eres!

De esto aprendí que...

No se trata de cómo me veía, sino de cómo Dios nos ve, pues ante sus ojos, somos su mayor creación. Nuestra identidad está en Él y no en los estereotipos de este mundo. De hecho, su palabra nos afirma que no somos de este mundo y, también, que la gracia es engañosa y vana es la hermosura.

Somos hechura de Dios y tenemos que sentirnos como tal cada vez que nos miramos al espejo. Fuimos creadas bajo un mismo molde: la perfecta imagen y semejanza de Dios.

Nuestra identidad está en Él y no en los estereotipos de este mundo.

Hoy te invito a verte con los ojos de Dios, con los ojos de aquel que bajo su perfección te creó como su mayor y perfecta obra.

Génesis 1:26

«Y dijo Dios: Hagamos al hombre a nuestra
imagen, conforme a nuestra semejanza».

CAPÍTULO 11

Sin dirección

No todo fue el diagnóstico durante mi adolescencia. A mis quince años conocí «una emoción sin confirmación». Me enamoré y llegué a sentir las famosas mariposas que revuelcan en el estómago. Sí, las mismas que, en muchas ocasiones, nos llevan a movernos por emociones y olvidarnos del riesgo de sufrir múltiples desilusiones.

Durante toda mi juventud me dirigí por mis propios pasos, imponiendo mi propia agenda, sin consultar nada a Dios. Esto me llevó a tomar decisiones que culminaron en una gran pesadilla que marcó mi vida durante un periodo de tiempo, pero que más adelante formaría el testimonio que, para la gloria de Dios, hoy te contaré.

Tenía quince años cuando conocí y creí haber encontrado a ese que en los cuentos de hadas llaman: «el príncipe azul». Ese personaje que regala flores, dedica serenatas, abre la puerta por cortesía, te llama para hacerte saber que te extraña y hace todo lo posible por verte sonreír. En fin, el chico que desde

Más allá de ser aquellas niñas que creíamos en cuentos de hadas, debemos ser mujeres que creemos y esperamos en las promesas de Dios.

pequeñas nos hacía suspirar cuando lo veíamos en las películas de las princesas.

Ahora bien, ¿qué tal si el príncipe que Dios tiene guardado para nuestras vidas lleva un color distinto al azul? La Biblia no es un cuento de hadas, pero sí nos habla de todas las promesas que Dios tiene guardadas para sus hijos y nos promete un final feliz para todo aquel que siga la voluntad del Padre. Por eso hoy, más allá de ser aquellas niñas que creíamos en cuentos de hadas, debemos ser mujeres que creemos y esperamos en las promesas de Dios.

Yo me adelanté al tiempo de Dios, no esperé mi promesa y esto me hizo caminar a ciegas en mi propia agenda. A veces vamos ciegos, tropezando por la vida, como consecuencia de no querer ver la realidad que solo Dios nos puede mostrar. Queremos que nuestra vida sea como en las historias de fantasía y olvidamos que la historia que Dios quiere escribir para nosotros no es un cuento, sino una realidad verdadera y llena de propósito; una que nos forma hasta cumplir lo que Él ya trazó como plan para nuestras vidas.

Imponiendo mi propio plan, comencé la relación con mi supuesto «príncipe azul», ignorando todos los avisos que Dios me dio. Aun con la oposición de mis padres, mis hermanos, mis amigos y hasta de esa voz en mi interior, seguía sumergida en una relación que no estaba escrita en el plan de Dios para mi vida. Una relación que me hacía ciega ante la verdad que tenía frente a mí. Sí, porque Dios jamás querrá una relación donde tu paz mental esté en peligro, donde la confianza esté más inclinada a la desconfianza, donde, en momentos de tensión, sientas inseguridad por la reacción de la otra persona porque sabes que no tiene dominio propio. Al contrario, Dios quiere una relación donde juntos crezcan en armonía, en respeto y, sobre todo, en amor. Una relación que nos acerque más a Dios y no al mundo.

Luego de ocho años de noviazgo, llegó la propuesta de matrimonio y sin pensarlo ni consultar con Dios, respondí con un sí. Me lancé en un mar de emociones sin saber que culminaría ahogándome en un desierto. En aquella época, mi prioridad eran mis planes y no los de Dios. Solo me interesaba «vivir la vida» sin importar mi propósito en ella.

La realidad es que si no tenemos a Dios como guía de nuestras vidas, tropezaremos hasta que entendamos que, sin su dirección, no llegaremos a su bendición. Es aquí donde hago un paréntesis y te pregunto:

¿Qué plan estás siguiendo en tu vida? ¿Prefieres tu dirección sin solución o la dirección de Dios y su bendición?

Isaías 55:8 nos recuerda que los planes del Señor no son como los nuestros, sino que son mejores. Es cierto que Dios nos dio un libre albedrío, pero también es cierto que nos dejó al Espíritu Santo como consolador y guía, como un GPS personalizado que nos guiará al plan de Dios para nuestras vidas, al que tenemos que estar dispuestos a seguir, aunque eso signifique renunciar a nuestro propio plan.

El no tener a Dios como centro de mi vida, me causó ceguera. Sí, ceguera espiritual. Estaba tan ciega que

> *Si no tenemos a Dios como guía de nuestras vidas, tropezaremos hasta que entendamos que, sin su dirección, no llegaremos a su bendición.*

no me di cuenta de que impuse mi propia agenda, en mi propio tiempo, sin tan siquiera tomar en consideración si esto era algo que Dios quería para mi vida.

Me sumergí en los preparativos de la boda y, en un abrir y cerrar de ojos, había pasado un año. Se acercaba el día de la boda y yo nunca había estado tan feliz y asustada a la vez. Recuerdo que soñaba con que me casaba, pero no me veía envejeciendo a su lado. Despertaba de esos sueños y me preguntaba: ¿será el estrés de la boda? ¿O será una señal de Dios? A lo largo del camino, aprendí que Dios nos habla de diversas maneras, que Él siempre nos enviará una alerta roja para rescatarnos a tiempo. Ahora bien, está en nosotros tener un oído y corazón atentos a su voz y a sus avisos.

Y tú, ¿estás alerta a la voz de Dios en tu vida?

De esto aprendí que...

Siempre hay dos maneras de hacer las cosas: a la manera de Dios y a la nuestra. Por lo general, cuando no lo conocemos, terminamos tomando la segunda opción, pues estamos confiados en nuestra experiencia. Tendemos a dirigirnos por nuestra propia prudencia, y tristemente, no aprendemos que el resultado siempre es el mismo: fracasamos y nos cansamos. Nos cansamos porque tener el control de todo es agotador; porque luchar con nuestras fuerzas jamás se comparará a enfrentar las batallas con Dios como escudo y protector.

También aprendí que sin su dirección, no hay bendición. **Con nuestras fuerzas podemos lograr cosas, pero con las de Dios podemos alcanzar lo imposible. Con nuestras fuerzas podemos ser valientes, pero con las de Dios podemos vencer gigantes. Con nuestras fuerzas somos capaces, pero con las de Dios somos más que vencedores.** Y, por siempre y para siempre, su plan será mejor al nuestro y superará nuestras expectativas.

Isaías 55:8

«Porque mis pensamientos no son
vuestros pensamientos, ni vuestros
caminos, mis caminos; dice el Señor».

CAPÍTULO III

La boda

Llegó la mañana de la boda. Recuerdo aquella sensación de nervios y alegría que invadían mi cuerpo, pero también recuerdo a mami diciéndome: «Hija, no te cases». Mami nunca se opuso a mis decisiones, pero nunca sintió paz con aquella relación y mucho menos con el paso que estaba a punto de dar. También recuerdo aquella llamada que recibí desde Alemania; era mi mejor amigo, pensé que llamaba para decirme: «¡Felicidades!», o tal vez para desearme lo mejor, pero no fue así. Me llamó para decirme: «Flaca, no te cases». Dos avisos, sin embargo, los ignoré.

Salí de la casa de mis padres, llegué a la iglesia y, mientras subía las hermosas escaleras de la iglesia católica de mi pueblo, llegó mi tercer aviso. Mi mejor amiga, mi dama de honor, me abrazó y me dijo: «Vámonos, no te cases». Todos veían lo que yo no podía ver. Aun así, los ignoré.

Tenía veintidós años cuando me casé. Recuerdo mi vestido, ¡era tan hermoso!: blanco, con faldas anchas como en los cuentos de hadas y un velo «catedral» tan largo que sobrepasaba las puertas de la iglesia. Llevaba mi cabello peinado con ondas sueltas y en mi mano un hermoso ramo de rosas blancas y orquídeas rosas, y entre ellas, un rosario de cristal.

Al llegar, capté la aten-
ción de todos, pues ese
mismo día había un festival
frente a la iglesia. Todos
aplaudían a la novia y nosotros desfilábamos hacia el

altar, mientras de fondo sonaba una melodía que en su letra decía: «mi esposa». Papi iba a mi derecha y mami, a mi izquierda, no paraba de llorar. Entre más imponía mi agenda, más lejos caminaba de la voluntad de Dios.

«Yo te recibo a ti, Rosalina, para ser mi esposa; para tenerte y protegerte de hoy en adelante, para bien y para mal, en la riqueza y en la pobreza, en la salud y en la enfermedad, para amarte y cuidarte hasta que la muerte nos separe».

Fue entonces cuando di el salto más alto, creyendo que caería en una laguna de flores, cuando realmente saltaba a un abismo de espinas. Pero la realidad es que, antes de entrar ahí, ya Dios tenía mi fecha de salida.

A veces pensamos que, porque estamos haciendo las cosas «bien», estamos en el camino correcto. Pero nuestro trabajo no es hacer las cosas que pensamos que están bien, nuestro trabajo es obedecer a Dios, y para poder hacerlo tenemos que buscarlo y seguir su dirección, porque el «bien» que el mundo nos presenta camina muy lejos del bien que realmente Dios quiere para cada uno de nosotros.

Ignoré todos los avisos que recibí, creí que mi plan era bueno. Creí que mis decisiones estaban paralelas al plan de Dios. De hecho, nunca me di la tarea de analizar si mi plan era la voluntad de Dios para mi vida; solo asumí y decidí.

¿Cuántas veces hacemos esto? ¿Cuántas veces ignoramos los avisos de Dios y luego lo culpamos por el resultado de nuestras propias decisiones?

Ahora bien, la palabra nos recuerda que la misericordia de Dios es renovada cada mañana y su amor por nosotros es infinito. Por tal razón, Dios siempre nos dará avisos, pero si no estamos en sintonía con su voz, jamás podremos escucharlos.

Hoy te pregunto: ¿En qué frecuencia tienes tu corazón y cuán sintonizada estás con la voz de Dios?

De esto aprendí que...

Cuando encomendamos todas nuestras obras en las manos de Dios, Él se encargará de afirmarnos cada paso hasta llegar a su perfecta voluntad. Por eso hoy te animo a encomendar tus planes y decisiones al Señor para que así recibas confirmación, dirección y su bendición.

Proverbios 16:3

«Encomienda a Jehová tus obras, Y tus
pensamientos serán afirmados».

CAPÍTULO IV

Estéril

L a Organización Mundial de la Salud (WHO), define la esterilidad como una enfermedad del sistema reproductivo.[3] En términos médicos, la esterilidad se conoce como la incapacidad de concebir en un periodo de doce meses, a pesar de tener relaciones sexuales frecuentes y sin protección. Esta enfermedad afecta a millones de mujeres en el mundo, a las que abrazo, entiendo y llevo en mi corazón y en oración. Lo hago porque estuve ahí, en medio de ese diagnóstico frío y gris.

Te cuento…

Después de varios meses de haberme casado, los dolores de la endometriosis comenzaron a recordarme mi triste realidad. Cargaba una condición que afectaba mi sistema reproductor y diariamente sufría de fuertes calambres pélvicos. La endometriosis se encargaba de hacerme saber que, a pesar de mi «felicidad», ella seguía presente en mi vida.

La mañana del 6 de junio del 2012, me preparaba para mi turno de doce horas. Era enfermera graduada. Ese día desperté para ir a trabajar en una sala de emergencias, sin saber que culminaría mi día en una sala de operaciones

---

3   Consulta en línea: https://www.who.int/es/health-topics/
infertility#tab=tab_1.

La ciencia podía ver mi realidad, pero Dios conocía la verdad.

y con un diagnóstico que marcaría mi vida, pero que, en el plan de Dios, se convertiría en mi mayor testimonio.

Mientras trabajaba, comencé a sentir una fuerte punzada en mi ovario derecho y empecé a sangrar. Me admitieron y me realizaron una laparoscopia exploratoria.

Intentaba abrir mis ojos, mientras escuchaba una voz lejana que decía: «La endometriosis es avanzada, diría categoría 4 o no clasificable. Tuvimos que despegar tus intestinos, los tenías adheridos al útero; además, tenías demasiado tejido endometrial obstruyendo parcialmente ambas trompas de Falopio. Lo siento, limpiamos lo que pudimos… Tu condición es muy avanzada, no podrás ser mamá y es muy probable que, más adelante, pierdas tu sistema reproductor».

No fue la única vez que escuché ese diagnóstico. En el 2014 me lo repitieron cuando tuvieron que intervenir quirúrgicamente para remover unos quistes causados por la endometriosis. Fue entonces cuando encontraron que ambas trompas de Falopio estaban completamente obstruidas, que mi cuerpo no producía hormonas y que mis ovarios eran poliquísticos. Nuevamente, la ciencia me recordaba mi realidad: no podía tener hijos.

Aquellos diagnósticos daban inicio a la formación de lo que después sería mi testimonio. La ciencia podía ver mi realidad, pero Dios conocía la verdad. Lo que escuché ese día es lo que hoy me impulsa a motivarte en la fe; pues ese fue el comienzo de lo que Él ya tenía planificado para mi vida.

El Señor sabía que no solo mi vientre era estéril; también lo era mi corazón. Era una mujer muy lejana a la que describen en Proverbios. Dios tenía que prepararme para así valorar mi bendición y darle toda la gloria a Él.

De esto aprendí que...

Es necesario pasar por el desierto para llegar a nuestra tierra prometida. El tiempo de Dios tiene sus misterios. Por tal razón, no nos corresponde entender, sino creer y confiar. Nuestro tiempo corre aprisa, el de Dios fluye a la perfección. Esperar en el tiempo de Dios puede ser muy difícil, pero al final ¡es la mejor opción!

Quien espera en el perfecto tiempo de Dios, jamás será decepcionado, pero sí sorprendido con mucho más de lo que esperaba. Realmente la espera no es un castigo, es preparación. Así que no lo veas de esa forma, mejor míralo como tu tiempo de entrenamiento para recibir tu bendición.

Repite conmigo: *¡No estoy en espera, estoy en preparación!*

Tal vez ahora no lo entiendes, pero Dios te está preparando para que puedas recibir tu pedido en plenitud.

Juan 13:7

«Respondió Jesús y le dijo: Lo que
yo hago, tú no lo comprendes ahora;
más lo entenderás después».

CAPÍTULO V

Sueños

Los sueños son sucesos e imágenes que nuestro cerebro crea mientras dormimos. Las personas solemos tener múltiples sueños cada noche y, al día siguiente, no los recordamos. La razón detrás de los sueños sigue siendo una de las grandes preguntas que aún la ciencia no ha logrado responder.

Ahora bien, ¿sabías que los sueños son uno de los métodos que Dios utiliza para hablarnos? Las Escrituras nos hablan sobre esto. No obstante, debemos saber discernir el mensaje y siempre pedir a Dios una confirmación. Yo desconocía esto y también desconocía la importancia de mantener una relación con Jesús para así estar en sintonía con su voz y poder discernir sus mensajes.

De hecho, en la Biblia encontramos una historia acerca de los sueños y la interpretación de ellos. Los capítulos 30, 37 y del 39 al 50 de Génesis, nos narran la historia de José, el soñador, un joven que tuvo unos sueños que venían de Dios y que, al pasar los años, se cumplieron. Lo más interesante de todo es que, detrás de sus sueños, había un largo desierto por el cual pasaría para llegar a su promesa.

A los treinta años, José fue gobernador de Egipto, pero antes de alcanzar su victoria, fue vendido como esclavo y luego pasó dos años en prisión. En total fueron trece años de espera para ver su promesa realizada, pero en el momento perfecto, ¡Dios lo cumplió! Muchos somos como José, viviendo en una prisión de ataduras, o tal vez somos como el pueblo de Israel, que les tocó caminar por el desierto hasta alcanzar la tierra prometida. Ahora bien, Dios es justo y siempre nos alertará, pero está en nosotros tener los oídos correctos para así identificar sus avisos.

Mi desierto comenzó con un sueño; uno que me despertó y alertó sobre la prueba que se aproximaba a mi vida. Desconocía que Dios puede hablarnos de esa forma, pero hoy sé que a eso le llaman el «don de ciencia». En otras palabras, a través de ellos, Dios te revela información como un aviso para tu vida o como un mensaje para compartir con otros.

Aún recuerdo esa mañana cuando desperté y no podía dejar de pensar en el sueño que había tenido la noche anterior. No había sido un sueño común, sino uno que podía ver, una y otra vez, como si se tratara del rodaje de una película.

Llevaba dos años casada, pero en el sueño me veía sola, y a lo lejos veía a mi esposo junto a una mujer, caminando tomados de sus manos. Para aquel entonces no sabía que podía orar por confirmación sobre aquel sueño. Aun así, Dios siguió mostrándome su fidelidad; por amor y misericordia, Él comenzó a trabajar conmigo.

Dicen que las mujeres tenemos un sexto sentido, es decir, mayor intuición que el hombre, pero ante lo divino, lo cierto es que Dios nos creó con una tarea muy especial. Según la ciencia, a diferencia del hombre, las mujeres tenemos mayor cantidad de células en la superficie del cerebro, y esto nos hace más sensibles a las frecuencias que nos rodean. En la palabra de Dios lo encontramos como sensatez.

Fue entonces cuando, gracias a esa sensatez, pude encontrar algunas pruebas que me llevaron a entender que aquel sueño era un aviso de Dios que revelaba mi realidad: él estaba siendo infiel.

Ante lo evidente, decidí separarme por algunos meses, pero en ese periodo nunca intenté acercarme a Dios y mucho menos buscar su dirección. Seguía caminando en mi propia prudencia y lejos de la luz que alumbra nuestro camino, así que nuevamente regresé a donde el Señor nunca me quiso. «Todos merecen una segunda oportunidad», pensé.

Recuerdo a mi mami decir: «Hija, perdónalo, pero no regreses con él», pero yo no podía entender que quien te ama, no te hace daño y quien te hace daño una vez, puede hacerlo nuevamente.

¡Qué distinto hubiera sido si hubiera conocido la palabra de Dios! En 1 Juan 4:7-8 dice que todo aquel que ama, ha nacido de Dios. Entonces, si no tenemos la fuente de amor que es Dios, ¿cómo esperamos brindar o recibir amor? El amor no hace daño, el amor no traiciona y mucho menos menosprecia o abandona. Al contrario, el amor echa fuera todo temor, nos brinda seguridad y confianza; el amor es un reflejo de Dios.

Nuevamente, no escuché a mami. Recogí mis cosas y regresé a donde desde un principio nunca debí estar. Mis amigas se distanciaron; sabían que no había tomado una decisión correcta. Todos se alejaron de mí y yo me alejaba de la voluntad de Dios.

Recuerdo la primera noche; no pude dormir pensando en mi decisión. Respiraba y solo sentía un vacío muy grande en mi pecho; el vacío que ninguna persona podrá llenar y ningún medicamento ha logrado curar, el vacío que solo puede ser suplido por Dios.

Pasaban los días y mi inquietud aumentaba. Sentía que nadaba en un mar de angustias; desconocía que cuando algo opera bajo el plan y voluntad de Dios para nuestras vidas, sentiremos paz. Mi angustia confirmaba que mi decisión de regresar con él no era la correcta.

Aun así, el Señor continuaba trabajando conmigo. Fue entonces cuando llegó otro de los métodos que Dios utiliza para hablarnos: una profecía o revelación. En esta ocasión, Dios decidió utilizar a la nueva líder de la sala de emergencias. Una mujer que hoy día puedo confirmar que Dios puso en mi vida para hablarme en múltiples ocasiones. Recuerdo que ella se acercó a mí y me dijo: «El Señor te dice: "Prepárate porque viene una prueba muy grande para tu vida"». Abrí mis ojos muy grandes y sentí temor.

Tal vez te estés preguntando: ¿pero por qué sentiste temor si lo que viene de Dios da paz? Sentí temor porque sabía que esa prueba era una consecuencia de mis decisiones. Porque en el fondo de mi corazón sabía que Dios había permitido aquella primera separación para guardarme de algo peor, pero yo quise guiarme por mi propia inteligencia sin medir las consecuencias.

De esto aprendí que...

Cuando Dios saca algo o a alguien de nuestras vidas, es porque Él puede ver lo que tú y yo no vemos. Es porque está limpiando nuestro camino para hacer espacio a las bendiciones que Él tiene guardadas para cada uno de nosotros. Nuestra vista es hasta el horizonte, pero la de Dios es hasta el infinito y más allá. Dios no quita algo de nuestras vidas para hacernos daño, Él remueve lo que nos hace daño para bendecirnos con algo mejor.

Amo un Salmo que dice: «has cambiado mi lamento en baile». Lo amo porque me enseña que cuando perdemos algo, muchas veces pasamos un tiempo de lamentación, pero es precisamente ese tiempo la temporada que Dios emplea para limpiar nuestra alma, mente y corazón, para que luego podamos danzar en su propósito y llenos del gozo del Señor.

También aprendí que toda decisión debe ser presentada a Dios, antes de ser tomada. Cuando recurrimos al Señor en oración para presentar una decisión, inmediatamente se activará el Espíritu Santo para confirmarnos si esa decisión es buena. Si recibimos su confirmación, sentiremos paz, seguridad y, sobre todo, iremos respaldados por Dios.

Antes de tomar una decisión, siempre debemos orar, en especial si se trata de una relación de pareja. Cuando nuestra pareja ama a Dios, nos amará y respetará como está escrito en la Biblia. Es mejor orar y esperar en el

> *Dios no quita algo de nuestras vidas para hacernos daño, Él remueve lo que nos hace daño para bendecirnos con algo mejor.*

tiempo de Dios que tener que vivir en yugo desigual, porque cuando lo hacemos, hay un desequilibrio en la relación que nos hará daño.

Es por eso que hoy te comparto estas peticiones que puedes añadir a tu oración cuando clames a Dios por la persona indicada. Ora para que:

- Ame a Dios por sobre todas las cosas (Mateo 22: 37).
- Tenga respeto por el matrimonio (Génesis 2:24).
- Ore contigo (1 Tesalonicenses 5:17).
- Honre a sus padres (Éxodo 20:12).
- Te impulse cada día a acercarte más a Dios y no a alejarte de Él.

Cuando una persona ama más a Dios que a su pareja, hará todo bajo el orden que Dios indica en su palabra, y esto incluye el respeto, la lealtad, la ayuda, el compromiso, el sometimiento, la confianza, la sinceridad, entre tantas cosas que abarcan para que una relación sea sana, efectiva y equilibrada.

Recuerda: ora, espera y sé paciente, y el Señor responderá en su momento.

Nuestras decisiones y confianza deben estar puestas en manos de Dios y no en nuestro propio entendimiento. Debemos estar alertas a la voz de Dios, pero para esto, debemos conocerlo y desarrollar una relación con Él. Su mensaje puede llegar de varias formas, entre ellas: la Biblia, los sueños, las profecías y las prédicas.

Ahora bien, nuestro deber es tener el oído y el corazón atentos para identificar su voz, escuchar su mensaje y recibir su dirección.

Proverbios 3:5-6

«Confía en Jehová con todo tu corazón y
no te apoyes en tu propio entendimiento.
Tómalo en cuenta en todos tus caminos
y Él hará rectas tus sendas».

CAPÍTULO VI

Dos veces estéril

La palabra dice que el enemigo anda como león rugiente buscando a quién devorar, y también nos avisa que él viene a matar, hurtar y destruir. Así comenzó a operar el enemigo en mi vida, queriendo hurtar y destruir lo que Dios tenía para mí y que yo desconocía. Su estrategia fue trabajar en mi corazón, utilizando una frase muy común: «Yo perdono, pero no olvido».

La realidad detrás de esta frase es la dureza que produce en nuestro corazón, y en conjunto con ella, las raíces de amargura que brotan y se extienden. Según Hebreos 12:15, estas nos estorban, nos contaminan y nos alejan de alcanzar la gracia de Dios. Mi raíz de amargura fue creciendo y esto me llevó a tener un corazón estéril.

Por lo general, cuando hablamos de fertilidad, pensamos en el vientre de una mujer y en la capacidad del cuerpo humano de procrear, pero la realidad es que la fertilidad va mucho más allá de ese término. Ahora bien, cuando hablamos de infertilidad, pensamos en todo lo opuesto, y al igual que con lo anterior, el término estéril va más allá de no poder procrear.

Deuteronomio 7:14 nos afirma que en el pueblo de Dios no hay personas estériles y cuando estudiamos a cada mujer de la Biblia que luchó con infertilidad, aprendemos que más allá de un vientre estéril, sus corazones necesitaban ser fertilizados, antes de recibir sus milagros.

Yo era dos veces estéril. Mi vientre no daba vida y mi alma vivía sin la vida, vivía sin Jesús. Comencé a caminar por el mundo, alejándome del camino y la verdad. Caminaba con un corazón muy lejano a ser conforme a la voluntad de Dios.

Mi confianza fue traicionada por quien jamás pensé, y esto me contaminó. Me convertí en una mujer vanidosa, orgullosa, y, en muchas ocasiones, prepotente, endureciendo cada vez más mi interior. Cuando esto sucede, nos hacemos inmóviles e insensibles a la dirección de Dios, estamos más alerta a los ruidos del mundo y, como consecuencia, su voz se va haciendo menos audible.

La realidad es que no me parecía en nada a la mujer virtuosa que Proverbios describe. Mi corazón se convirtió en un terreno improductivo, pedregoso y lleno de espinos. Utilizaba la medicina llamada «mundo» para sanar mis laceraciones, sin percatarme de que sus efectos secundarios eran muy dañinos para el corazón.

Por eso hoy me dirijo a ti, que tal vez no batallas con la infertilidad, pero cargas un corazón herido y estéril. O tal vez, eres dos veces estéril como lo fui yo. A ti que aún no has tenido un encuentro con Jesús, o tal vez lo tuviste y te alejaste por el ruido del mundo. Hoy te recuerdo que la medicina que Dios nos ofrece, sana, restaura,

La medicina que Dios nos ofrece fertiliza los corazones infértiles y da vida en los vientres que la ciencia llama estériles.

perdona, redime, reconstruye, moldea, bendice, recompensa, multiplica, fertiliza los corazones infértiles y, mejor aún, da vida en los vientres que la ciencia llama estériles.

De esto aprendí que...

Amo la parábola del sembrador porque es el mayor ejemplo de esterilidad vs. fertilidad en nuestros corazones. En ella aprendemos sobre los tipos de terrenos que puede haber en el corazón: el pedregoso, el de espinos, y la buena tierra.

Me explico:

El primer terreno se refiere a las personas que oyen la palabra de Dios, la reciben con gozo, pero no tienen raíz y, por tal razón, su gozo es de corta duración, pues cuando la persona pasa por una aflicción, permite que el enemigo robe su gozo olvidando las promesas de Dios. Este es el tipo de persona que no mantiene una relación diaria con Jesús y que se convierte en presa fácil para que el enemigo pueda hurtar su promesa, destruir su gozo y matar su fe, produciendo en ellos, corazones estériles.

Los corazones de terrenos de espinos son aquellos que viven una vida afanosa. Una vida muy concentrada en los ruidos del mundo y muy alejada de la voz de Dios. Son corazones que escuchan la palabra de Dios, pero no producen fruto alguno por caminar tan lejos de la voluntad del Señor.

Por último, encontramos la buena tierra donde el corazón recibe la palabra de Dios, la guarda, la vive y la obedece. Es aquí donde esta es sembrada y produce fruto, y donde se encuentra aquel corazón que, a pesar de recibir los ataques del enemigo, sabe que su victoria está en Jesús. Es aquel corazón que ha aprendido a revertir las mentiras del enemigo con las verdades de Dios; aquel que produce fruto al ciento, a sesenta y a treinta por uno; ese dispuesto a ser fertilizado en todas sus áreas para así poder recibir los milagros de Dios y ser herramienta del Señor en la vida de otros. Es el corazón donde tantas voces compiten por su atención, pero solo Dios es quien les da la dirección.

Hoy te pregunto: *¿Cuán fértil es tu corazón?*

Y te hago un llamado para que tengas la valentía de David al decir: «¡Señor, examina mi corazón!»

Salmos 139:23-24, RVC

«Señor, examina y reconoce mi corazón; pon
a prueba cada uno de mis pensamientos.
Así verás si voy por mal camino, y me
guiarás por el camino eterno».

CAPÍTULO VII

El Libro de la Vida

*D*ios nos creó con un diseño y molde original. Nos creó a su imagen y semejanza con el fin de glorificarlo a Él. Ahora bien, el pecado distorsionó el plan de Dios, alejando al hombre del reino del Señor, pero no separándolo de su amor.

En Romanos 8:38-39 encontramos que nada ni nadie nos podrá separar del amor del Padre. De hecho, su amor por nosotros es tan grande, que cada día su misericordia es renovada con el fin de nuestra salvación. La mejor prueba de esto la encontramos en Juan 3:16, donde aprendemos que: *«De tal manera amó Dios al mundo, que envió a su Hijo unigénito, para que todo aquel que en Él cree, no se pierda, más tenga vida eterna».*

¡Cuánto amor y cuánta verdad! Verdad que tenemos disponible en la palabra de Dios, pero que, en múltiples ocasiones, reemplazamos con las mentiras del mundo.

Recuerdo el día de mi salvación. Me encontraba trabajando, cuando una anciana se acercó y me dijo: «El Señor me dice que tu nombre no está escrito en el Libro de la Vida, y me muestra que tendrás un accidente en un auto color dorado, donde perderás tu vida». Nuevamente, Dios me estaba hablando.

La anciana continuó: «¿Quieres aceptar a Jesús como tu Señor y Salvador?» En medio de la sala de emergencias, respondí que sí, sin entender lo que estaba haciendo ni la magnitud de la bendición y oportunidad de vida que me estaba dando el Señor.

Dios me vio cuando nadie más lo hizo. A pesar de mi estilo de vida alejado de Él, me guardó por amor; el mismo amor que también siente por ti; el mismo que lo impulsó a enviar a su Hijo unigénito para que tú y yo fuéramos salvos al creer en Él.

La realidad es que ese día no abrí mi corazón a Jesús, solo repetí una oración sin saber el poder que había detrás de cada palabra que profesaba. Ahora bien, hay poder en la fe de los demás sobre nuestras vidas, hay poder en la oración que otros hacen por nosotros. Al hacer la oración de salvación, permití que la semilla de Dios fuera sembrada en mi corazón.

Aquí hago una pausa para recordarte la importancia que tiene con quienes te rodeas, pues José fue vendido por sus propios hermanos, mientras que Jesús sanó a un paralítico por la fe de sus amigos. El amor y la fe de aquella anciana tocaron el corazón del Señor para que guardara mi vida.

Tres días más tarde, impactaron mi auto color dorado; fue pérdida total, pero el Señor guardó mi vida, ¡yo ni siquiera estuve presente en aquel accidente! El haber aceptado a Jesús como mi Señor y Salvador fue mi pase para la vida.

Al aceptar a Jesús como mi Salvador, se activó el GPS del Espíritu Santo en mí, e inmediatamente comenzó a guiarme sin yo darme cuenta. La luz del Señor comenzó a alumbrar aquella oscuridad en la que estaba sumergida.

La palabra dice que Jesús es la luz del mundo y que todo aquel que lo siga, no andará en tinieblas jamás. La ciencia puede estudiar la luz, pero no la oscuridad. De hecho, la oscuridad como tal no existe, sino que más bien es definida como la ausencia de luz. Si comparamos esto con nuestra vida espiritual, las tinieblas significan la ausencia de Jesús. La ausencia de la luz que alumbra nuestro caminar y da ese brillo que resplandece en todo aquel que vive conforme a su voluntad. O sea, que entre más lejos caminemos de Jesús, más nos acercamos a las tinieblas y al pecado, de la misma forma que entre más cerca tengamos al Señor, con mayor facilidad se alumbrará nuestro camino.

De esto aprendí que...

Aprendí que para florecer debemos tener a Jesús, el mejor jardinero. Debemos abrir nuestro corazón a Él, aceptarlo como nuestro único y exclusivo Salvador, reconocer nuestros pecados y presentarlos al Señor con arrepentimiento genuino, ¡pues Él conoce nuestros corazones!

Quiero invitarte a conocer al Jesús que a mí me salvó; sea que ya lo conozcas, pero te alejaste, o que nunca lo hayas conocido, hoy te invito a abrir tu corazón a

> *El sol es para todos, pero la sombra del Omnipotente es solo para aquellos que deciden entrar bajo sus alas; pues aun estando en la sombra, la luz de Jesús jamás se apagará.*

Él como único y exclusivo Salvador. Tomar la decisión te llevará a recibir tu salvación y a que tu nombre esté escrito en el Libro de la Vida. Si aceptas, repite conmigo:

«Señor Jesús, reconozco que he pecado. Te pido perdón y que aceptes mi arrepentimiento genuino. Abro mi corazón a ti como mi único y exclusivo Señor y Salvador. Limpia mi corazón, sana mis heridas y ayúdame a seguirte cada día. Sé tú mi dirección y haz tu voluntad en mi vida» .

2 Corintios 5:17

«De modo que, si alguno está en Cristo,

nueva criatura es; las cosas viejas pasaron;

he aquí todas son hechas nuevas».

CAPÍTULO VIII

El primado

*U*na vez abrimos nuestro corazón a Jesús, debemos trabajar en nuestra relación con Él. En mi caso, desconocía sobre esto. Pensaba que con solo hacer la oración de salvación ya todo marcharía a la perfección, que mi vida sería transformada y mis cargas desaparecerían. ¡Qué equivocada estaba!

Te explico:

Una vez aceptamos a Jesús, debemos tomar la decisión de seguirlo. Esto significa renunciar a nuestro plan y caminar en pos del suyo; es decir, renunciar a todo lo que no es del agrado de Dios, y permitir que Jesús are nuestro camino hasta alcanzar la cosecha del plan de Dios para nuestras vidas. Debemos crear una disciplina y *reprogramar* nuestra mente. Sí, porque Jesús nos limpia y nos da una nueva oportunidad de vivir, pero nosotros debemos nutrir nuestra mente y fortalecer nuestra fe, alimentándonos con la palabra de Dios y viviendo en obediencia a Él.

Yo estaba desnutrida, mis cargas eran mayores que mi fe. Mi preocupación ahogaba mi mente, y mi vida transcurría contraria a la obediencia de Dios. Desconocía que debía entregar mis cargas al Señor, pues estas son un atraso en nuestras vidas, como el ancla que mantiene fijo a un barco.

Ahora bien, ¿qué son las cargas? La preocupación, la angustia, el temor, las ataduras, entre muchas cosas más, que nos paralizan y dan ventaja al enemigo para destruir nuestra vida.

Preocuparse es llevar la carga de mañana con la fuerza de hoy y cargar dos días a la vez nos hace daño. La preocupación nos lleva a la angustia y la angustia nos lleva a vivir paralizados ante el temor. Cuando esto sucede, nos amarramos a cadenas que no nos permiten avanzar. El temor trae consigo la duda y esta revierte nuestra fe, llevándonos a creer en las mentiras del enemigo, olvidando las promesas y verdad de Dios.

Por tal razón, hago un paréntesis a mi historia, y te invito a entregar tus cargas al Señor. Yo desconocía sobre la paz y el descanso que Dios nos ofrece, pero hoy que los conozco, quiero compartirlos contigo y recordarte esta hermosa invitación que Jesús nos hace en Mateo 11:28: *«Venid a mí todos los que estáis trabajados y cargados, y yo os haré descansar».*

Yo cargaba el pasado, el presente y el futuro, y esto me hacía cautiva en mi propio campo de batalla: mi mente. Regresar a una relación en donde Dios nunca me quiso, me llevó a vivir en temor: el temor de ser herida y traicionada, el temor que me encerró en una cárcel llamada angustia.

Dios es sinónimo de libertad, mientras que el enemigo es todo lo opuesto. El enemigo quiere vernos cautivos, oprimidos, paralizados. Así vivía yo: paralizada. Y si estamos inmóviles, ¿cómo caminaremos en obediencia a Dios? ¿Cómo reconoceremos lo que nos detiene?

Vivir en angustia es torturarse cada día. Vivir en una relación donde no sientes paz ni seguridad, no es saludable. En mi caso, la angustia me llevó a bajar de peso y a encerrarme en mi propio yo, todo esto, mientras el mundo continuaba girando. Mi relación «marchaba bien», mi trabajo marchaba bien… En fin, no tenía razones aparentes para estar tan angustiada; sin embargo, me ahogaba en mi propia angustia, pues aquellas palabras no salían de mi mente: «Prepárate porque viene una prueba muy grande para tu vida».

La alerta de Dios no era lo que generaba mi angustia, pues todo lo que viene de Dios produce paz; mi angustia llegó con mi decisión y crecía por mi falta de acción. La realidad es que las aflicciones de la vida nos sorprenden porque muchas veces no tenemos el oído abierto a la voz de Dios. Andamos tan concentrados en los ruidos del mundo o en nuestro propio ruido, que no podemos identificar los avisos del Señor. Esto nos lleva a chocar con la realidad que, en muchas ocasiones, nos rompe en pedazos.

Ahora que he aprendido a vivir de la mano de Dios, te puedo asegurar que Dios no es un Dios de angustia. Al contrario, como leímos en el versículo anterior, si entregamos nuestras cargas a Él, nos dará descanso. Ahora bien, ¿cómo entregamos nuestras cargas a Dios? Dándole a Él el primado.

> *Para entregar nuestras cargas a Dios, debemos creer y confiar en que Él nos ayudará, porque si Él sostiene al universo, ¿cómo no podrá sostenernos a nosotros?*

Entrega tus cargas a Dios siguiendo estos pasos:

- Cree. Este es el pase para ver su gloria.
- Identifica tu carga.
- Ora. Habla con Dios sobre eso que te detiene. Pide dirección y fuerzas para romper las cadenas que te atan, para que, de esa forma, puedas ser libre.
- Una vez sientas paz, comienza a nutrir tu mente con la palabra de Dios. Haz de esto un hábito diario, al igual que orar.
- Busca una familia de la fe donde puedas congregarte y recibir sana doctrina. La fe viene por el oír de la palabra, así que ¡manos a la obra! **Alimenta tu fe y así el ancla de tus cargas no podrá detenerte.**

Dar el primado a Dios fue mi pase para salir de aquella cárcel llamada angustia.

Una noche lluviosa, mientras manejaba a mi apartamento, comencé a llorar y a gritos le pedí a Dios: «Muéstrame lo que sé… Saca a la luz lo que tengas que sacar… Así me duela, déjame ver lo que ya tú viste». Dios puede ver lo que tú y yo no vemos, porque tú y yo vivimos en el tiempo, pero Dios vive en la eternidad. Por eso su palabra nos dice que, para Él, un día puede ser como mil años y mil años como un día (2 Pedro 3:8). Tú y yo solo vemos el plan de manera micro, pero Dios lo ve macro, porque así es su amor por nosotros: gigante e infinito.

Jamás pensé que esa misma noche el Señor me mostraría lo que a gritos le pedí. Llegué a mi apartamento, me bañé y me fui a dormir. Mientras dormía, el Señor me mostró todo. En aquel sueño pude ver a quien aún era mi esposo; empujaba un coche y a su lado estaba la misma mujer blanca de cabello negro que vi en mi primer sueño. Desperté con el corazón latiendo tan rápido, que casi no podía respirar. Sin embargo, sentí paz. Esa noche comprendí que mi angustia no venía de Dios, sino de las consecuencias de mis decisiones; entendí que Él solo quería mostrarme la realidad para así no seguir sumergida en mi propia mentira.

Tomé mi celular y llamé a una amiga que le servía al Señor. Le conté mi sueño y ella respondió: «Núñez, pídele confirmación al Señor. Ora y lee la palabra, el Señor te confirmará».

Tomé su consejo y comencé a buscar a Dios. No le conté mi sueño a nadie más. Empecé a leer la palabra, a orar y a congregarme en una iglesia cerca de mi apartamento. Comencé a nutrir mi alma, y aprendí a callar la voz del enemigo con la verdad de Dios; ¡aprendí a tener una relación con Jesús! Buscaba a Dios, sin darme cuenta de que Él siempre estuvo a la puerta de mi corazón, tocando y esperando que yo abriera. Puse a Dios primero que todo y que a todos, sin saber que las demás cosas, Él las pondría por añadidura. Sentía tanta paz, sentía dirección, sentía que, en medio de aquel desierto, había un manantial de agua que comenzó a hidratar mi alma, mente y corazón.

De esto aprendí que...

Si buscas primero el reino de Dios, Él se encargará de darte el resto por añadidura. Me refiero a la fuerza, las respuestas, la sanidad, la restauración, el amor, la estabilidad, la familia, entre tantas cosas maravillosas que solo Él puede llenar y suplir.

Cuando ponemos todo en manos de Dios, en su preciso, precioso y perfecto momento, veremos su mano en todo.

Mateo 6:33

«Mas buscad primeramente el reino de Dios y su justicia, y todas estas cosas os serán añadidas».

CAPÍTULO IX

La verdad me hizo libre

«Es solo un sueño», me dije al despertar la mañana del 3 de julio de 2014. Me vestí y me fui a mi turno de doce horas en la sala de emergencias. Pasé un turno muy agradable, pero antes de culminar, quien fue mi esposo, apareció en el hospital, caminó hasta mí, me dio un beso en la frente y se marchó sin decir palabra alguna. Regresé a mi apartamento y allí estaba, cabizbajo, y en silencio.

Desperté la mañana del 4 de julio del 2014 y una vez más, allí estaba, llorando, sin mencionar palabra. Acercándome a él, le pregunté qué sucedía.

«Tú no mereces esto», me respondió. «¿Ella está embarazada?», pregunté nuevamente.

Levantó su mirada, mientras las lágrimas caían por sus mejillas, y con una expresión de dolor, solo se atrevió a preguntar: «¿Cómo lo sabes?»

Pensarás que en ese momento mi mundo se vino abajo, pues una mujer estéril acababa de recibir la peor noticia de su vida: su esposo había embarazado a otra mujer. Pero no, la verdad es que sentí paz; esa paz que sobrepasa todo entendimiento,

> *Me enfrenté a Goliat, sin saber que Dios estaba formando en mí al David que lo venció.*

esa que el mundo no nos ofrece, pero que Dios nos garantiza. Muchas cosas pasaron por mi mente, pero en mi corazón resonaba aquella palabra: «Prepárate

> *Dios no permite pruebas para hacernos daño; las permite para que demostremos cuán auténtica es nuestra fe.*

porque viene una prueba grande para tu vida». Me enfrenté a Goliat, sin saber que Dios estaba formando en mí al David que lo venció.

Dios siempre estuvo ahí, sosteniéndome. Confirmé que tú y yo podemos ver solo hasta el horizonte, pero Dios ve más allá de eso. Aquella mañana pude ver la conexión con aquella advertencia que recibí de parte de Dios. Él ya sabía que eso iba a ocurrir y no para destruirme, sino para hoy poder ser testigo de su fidelidad y para hacerme saber que su plan es y siempre será mejor que el mío.

El Señor sabía que pasaría por un dolor que, sin Él, me habría derrumbado, o tal vez, como a Pedro, me habría hundido en las aguas profundas de aquella tormenta que se acababa de formar en mi vida.

Mientras canalizaba aquella noticia, rogaba a Dios que no me permitiera ser como Pedro, que justo cuando caminaba por las aguas, las olas y el viento se levantaron en su contra y, aun teniendo al Maestro de frente, dudó y comenzó a hundirse en la profundidad del mar.

Por eso hoy te recuerdo la importancia de fundar tu vida sobre la Roca, o sea, Jesús, porque así, cuando pases por el fuego, no te quemarás; cuando las olas se levanten contra ti, no te ahogarás, porque, al igual que a Pedro, cuando caigas en las aguas profundas, Él extenderá su mano para rescatarte.

Él nos recuerda que las olas y los vientos le obedecen y que cuando ponemos nuestra confianza en Dios, Él lleva el timón de nuestra barca.

> *El mundo nos dice que después de la tormenta llega la calma, pero Jesús nos recuerda que Él es la calma en medio de las tormentas.*

Ese día, Jesús dirigió mi barca. Su paz me abrazó en medio de aquella tormenta y, por primera vez, experimenté la paz que sobrepasa todo entendimiento. Dios es justo y fiel. Él me fue preparando para aquel día; el día en que la gracia, misericordia y fuerza de Dios, me sostuvieron y me dieron paz.

De esto aprendí que...

La palabra de Dios dice en Jeremías 20:11: *«Mas Jehová está conmigo como poderoso gigante»* y así lo vi aquella mañana. Dios estaba allí, como un imponente paladín, sosteniéndome y fortaleciéndome ante aquella noticia que, sin Él, me habría roto en millones de pedazos. Ese día sentí una dosis de fortaleza y determinación para no rendirme sin importar las circunstancias. Ese día, la verdad me hizo libre.

Por tal razón, hoy te recuerdo que Dios está contigo como poderoso gigante y que nada ni nadie te puede separar de su amor. Recuerda: el barco no se hunde por el agua que hay a su alrededor, sino por el agua que entra en él.

Pero a diferencia de un barco, nosotros tenemos al mejor rescatista que, con tan solo llamar su nombre, extiende su mano y nos rescata de las profundidades donde estamos sumergidos y nos da libertad.

Juan 8:32

«Y conoceréis la verdad, y la
verdad os hará libres».

CAPÍTULO X

La promesa

«Huesos secos sanan; en tu vientre habrá vida y será un varón».

Tenía que comenzar este capítulo con la promesa que abraza mi vida y me acerca más a Dios. La promesa que cada día me hace recordar que Dios es justo y fiel, y que siempre tendrá la última palabra, sin importar el diagnóstico, el pronóstico, el dolor o el proceso. La promesa que me hace recordar que nosotros tenemos planes, pero Dios tiene propósitos. La promesa que hoy me hace recordarte que para Dios nada hay imposible y que todo lo que Él promete, en su preciso, precioso y perfecto momento, lo cumplirá.

Su palabra dice que si nos bastamos de su gracia, su poder se perfeccionará en nuestra debilidad y también dice que Dios abre caminos donde no los hay. Sin duda alguna, te afirmo que su palabra jamás miente.

> *Para Dios nada hay imposible y todo lo que Él promete, en su preciso, precioso y perfecto momento, lo cumplirá.*

Hoy abro todo mi corazón para compartirte cómo recibí la promesa que vivo en la actualidad, a la que puedo mirar a los ojos y en ella ver la gloria y misericordia de Dios.

Luego de recibir aquella devastadora, pero, a su vez, liberadora verdad, vivía el día a día sin saber que pasaría mañana. Rendí mi dolor a los pies de Jesús, y Él se convirtió en mi descanso y mi guía.

La parte más difícil de todo el proceso era tener que regresar a la casa y encontrarlo allí, o saber que si no estaba era porque se encontraba en las citas de los ultrasonidos de su bebé, proceso que duró unas dos semanas.

Y tal vez te estés preguntando por qué seguía allí. Bien, te responderé:

Aquella mañana, en la que confirmé lo que Dios ya me había mostrado, mi entonces esposo y yo tuvimos una conversación y decidimos tomar un día a la vez. Mi respuesta fue: «El día que salgas por la puerta con la intención de marcharte, no regreses… Mientras tanto, analiza qué harás». La realidad es que no sentía odio en mi corazón, sino dolor. Dolor porque me preguntaba: «¿Qué hice mal?»; una pregunta tan genérica, pero a la vez muy profunda. Y aunque suene irónico, a su vez, sentía la paz que sobrepasa todo entendimiento, esa paz que el mundo jamás nos dará, pero que, en Dios, permanece para siempre.

Mi paz llegaba con el amor de Dios y se quedaba porque sabía que nunca fallé, que a pesar del enemigo confundirme con la duda de si habría hecho algo mal, en mi corazón sabía que lo había hecho bien y mucho más cuando decidí acercarme a Dios.

Una mañana salí a trabajar y cuando regresé, él ya se había marchado. Esa noche el enemigo quiso atacar mi mente con sus mentiras; me decía: «Esta es tu realidad: estás sola, fracasaste, nunca tendrás hijos, te humillaron y abandonaron». Aun así, esa noche pude ver la gloria de Dios abrazando mi dolor.

Al llegar a mi apartamento y encontrarme con mi realidad, caminé hasta mi habitación y caí de rodillas a clamar a Dios. Comencé a clamar a Dios por una respuesta más clara, por una dirección para entender por dónde debía caminar. Tomé el consejo de mi amiga de abrir la Biblia luego de clamar a Dios, y si era su voluntad, encontraría mi respuesta allí. Sabía que en su momento llegaría mi respuesta, pero jamás imaginé que sería esa misma noche.

Sin escoger ningún libro en específico, abrí la Biblia y allí estaba Isaías 54:

> «Regocíjate, oh, estéril, la que no daba a luz; levanta canción y da voces de júbilo, la que nunca estuvo de parto; porque más son los hijos de la desamparada que los de la casada, ha dicho Jehová.
>
> Ensancha el sitio de tu tienda, y las cortinas de tus habitaciones sean extendidas; no seas escasa; alarga tus cuerdas, y refuerza tus estacas. Porque te extenderás a la mano derecha y a la mano izquierda; y tu descendencia heredará naciones, y habitará las ciudades asoladas.
>
> No temas, pues no serás confundida; y no te avergüences, porque no serás afrentada, sino que te olvidarás de la vergüenza de tu juventud, y de la afrenta de tu viudez no tendrás más memoria.

Porque tu marido es tu Hacedor; Jehová de los ejércitos es su nombre, y tu Redentor, el Santo de Israel; Dios de toda la tierra será llamado. Porque como a mujer abandonada y triste de espíritu te llamó Jehová, y como a la esposa de la juventud que es repudiada, dijo el Dios tuyo:

Por un breve momento te abandoné, pero te recogeré con grandes misericordias. Con un poco de ira escondí mi rostro de ti por un momento; pero con misericordia eterna tendré compasión de ti, dijo Jehová, tu Redentor.

Porque esto me será como en los días de Noé, cuando juré que nunca más las aguas de Noé pasarían sobre la tierra; así he jurado que no me enojaré contra ti, ni te reñiré.

Porque los montes se moverán, y los collados temblarán, pero no se apartará de ti mi misericordia, ni el pacto de mi paz se quebrantará, dijo Jehová, el que tiene misericordia de ti.

Pobrecita, fatigada con tempestad, sin consuelo; he aquí que yo cimentaré tus piedras sobre carbunclo, y sobre zafiros te fundaré.

Tus ventanas pondré de piedras preciosas, tus puertas de piedras de carbunclo, y toda tu muralla de piedras preciosas. Y todos tus hijos serán enseñados por Jehová; y se multiplicará la paz de tus hijos.

Con justicia serás adornada; estarás lejos
de opresión, porque no temerás, y de
temor, porque no se acercará a ti.

Si alguno conspirare contra ti, lo hará sin
mí; el que contra ti conspirare, delante de
ti caerá.

He aquí que yo hice al herrero que sopla
las ascuas en el fuego, y que saca la
herramienta para su obra; y yo he creado
al destruidor para destruir.

Ninguna arma forjada contra ti prosperará,
y condenarás toda lengua que se levante
contra ti en juicio.

Esta es la herencia de los siervos de
Jehová, y su salvación de mí vendrá, dijo
Jehová».

Mientras leía, temblaba y lloraba porque todo lo que leía
describía mi situación en aquel momento.

Cerré la Biblia, oré y clamé a Dios por una confirmación, porque, a pesar de ser tan claro, el enemigo quería
nublar mi mente con la duda. Entonces sonó el celular y
era mi amiga con una mujer de su iglesia que quería orar
por mí; ambas desconocían lo que estaba sucediendo, pero
Dios conocía todo. Aún no conozco a aquella mujer, pero
la llevo siempre en mi corazón y mis oraciones.

Al finalizar la oración, hubo un silencio y luego ella comenzó a decir: «Mujer, el Señor me muestra todo. Huesos
secos sanan. En tu vientre habrá vida y será un varón.
¡Puedo verlo!, ¡el Señor me lo muestra! Será un varón con
cabellos ondulados y unos ojos muy grandes. ¡Y es tuyo!»

Dios me habló de nuevo, ¡y esta vez me regalaba una hermosa promesa!

Caí de rodillas, llorando y dando gracias a Dios. El Señor acababa de confirmar todo lo que había leído en Isaías 54. Desde aquel día jamás dudé de la palabra o las promesas de Dios. No sabía cómo Dios lo haría, pero sabía y sentía en mi corazón que, si Él lo había prometido, lo cumpliría. En medio de una humillación, un divorcio, un diagnóstico de esterilidad, ¡yo sería mamá!

De esto aprendí que...

Cuando Dios envía una promesa a nuestras vidas, inmediatamente el enemigo enviará a uno de sus mensajeros para llenarnos de mentiras y así hacernos temer. El temor revierte nuestra fe y, cuando nuestra fe es revertida, comenzamos a creer en las mentiras del enemigo y nos olvidamos de las verdades y promesas de Dios.

Dudar nos hace vulnerables e inestables ante el enemigo (Santiago 1:6), *mientras que la fe nos hace ver la gloria de Dios en nuestras vidas* (Juan 11:40).

El enemigo no es creativo, sino repetitivo; ataca a sus presas con la misma estrategia, llenando la mente con sus mentiras hasta hacernos dudar de las verdades de Dios. ¿Y cómo podemos enmudecer al enemigo y poner atención a las verdades de Dios? Fácil: llenándonos de la presencia del Señor, buscando primero su reino y olvidando las añadiduras, porque de eso se encarga Él.

La duda siempre llegará para atemorizarnos y hacernos paralíticos ante las promesas de Dios. Ahora bien, ¿por qué llega la duda? La duda es una estrategia que el enemigo utiliza para robarnos la bendición. De hecho, si vas a Hebreos 11:6 verás que dice: *«Sin fe es imposible agradar a Dios»*, o sea, que el enemigo utiliza la duda para que nuestra fe mengüe y así no le agrademos a Dios. De esta forma, nos alejaremos de nuestras bendiciones y perderemos nuestra salvación.

Dudar nos hace vulnerables e inestables ante el enemigo (Santiago 1:6), mientras que la fe nos hace ver la gloria de Dios en nuestras vidas (Juan 11:40).

Ahora que ya conoces la estrategia, es momento de levantarte en la brecha y pelear tus batallas en la fe. La clave es creer, porque si crees, ¡verás la gloria de Dios en tu vida!

Una vez más te recuerdo lo mejor: si Dios lo hizo conmigo, también lo puede hacer contigo.

Juan: 11:40

«Jesús le dijo: "No te he dicho que, si crees, ¿verás la gloria de Dios?"»

CAPÍTULO XI

Tibia

Pasaron dos años desde mi separación y un año del divorcio. Durante ese periodo abrí puertas que nunca debí, pero Dios, con su amor y misericordia, me guardó. En ese tiempo conocí la soledad, pues creía estar sanando mis heridas con el mundo, y no me percaté de las reacciones adversas que llegaban con cada puerta que abría fuera de la voluntad del Señor. En esa temporada intercambié la presencia y compañía de Dios por la soledad del mundo; elegí hablarle a mi almohada en vez de orar; escogí salir de fiestas en lugar de congregarme, y nuevamente, mi propia prudencia enmudecía la voz del Espíritu Santo.

Mateo 12:43-45 nos enseña sobre el peligro que corremos cuando esto sucede, ya que, el espíritu que sale del ser humano cuando acepta a Jesús, va a morar a lugares secos y no encuentra reposo; así que si abrimos la puerta errónea, puede regresar con otros siete espíritus peores que él para habitar nuevamente en nosotros. Jugar a ser tibios nos puede costar la sentencia a una cadena perpetua espiritual.

Nuestra mente es un campo de batalla y nuestro principal enemigo es Satanás, quien nos ataca con sus dardos de mentiras para hacernos dudar y olvidar las verdades de Dios.

Dudar es como decirle a Dios que Él no es capaz de hacer las cosas que nos ha prometido. Cuando las mentiras del enemigo y la duda se mezclan, llega el temor y, en muchas ocasiones, la desesperación. El producto final de todo esto es permitir que el miedo le gane a nuestra fe, y cuando esto sucede, la carne prevalece sobre el espíritu y nos convierte en presa fácil para el enemigo.

La realidad es que a la carne no le importa lo eterno, que es nuestro espíritu, porque la carne no se irá con nosotros; esta siempre nos llamará a vivir contrario a la voluntad de Dios. Es aquí donde se marca la diferencia entre un hijo de Dios y un hijo del mundo. Un hijo de Dios conoce el dominio propio y opta por someter la carne a la total voluntad del Señor, mientras que un hijo del mundo hará todo lo contrario.

Así comencé a vivir, alejándome de la verdad de Dios, corriendo hacia las mentiras que el mundo me ofrecía. Fue aquí donde hice una de las peores inversiones de mi vida: negociar mi título de hija de Dios por el título de hija del mundo. Abrí puertas que permitían que el enemigo nublara mis pensamientos, susurrando a mi oído que tenía múltiples razones para llorar y ser infeliz, pero Dios, en su misericordia, me decía: **«Eres perfectamente amada por mí y yo te daré millones de razones para reír y ser feliz».**

Es cierto que había recibido una hermosa promesa y sabía que Dios, en su momento, la cumpliría, pero había muchas cosas que sanar en mi corazón y para ello necesitaba reconocerlo, perdonar y permitir que Dios trabajara en mí. En otras palabras, necesitaba que mi corazón fuera fertilizado para que pasara de estéril a fértil.

Pero yo hice todo lo contrario: de pasar tres días en la iglesia, comencé a ausentarme, y es una verdad que cuando sientes inclinación a no congregarte, estás en peligro. El día que eso ocurre, tu salud espiritual está gravemente herida y es justo entonces cuando el enemigo trabaja más fuerte para alejarte del propósito de Dios.

Eso me pasó a mí: abrí la puerta que me alejó de aquel manantial que estaba hidratando mi vida; mi propio entendimiento tomó el lugar de Dios en mi corazón y fue entonces cuando comencé a fallar, cuando me alejé del consejo de Proverbios 3:5, donde dice que confiemos en Dios y no nos apoyemos en nuestra propia inteligencia.

Arena movediza

Me llegó una oferta para ser la imagen principal de una marca de ropa interior exclusiva en Puerto Rico. Sin pensarlo, sin consultarlo con Dios, sin sanar mis heridas, y, mucho menos, sin tener dominio propio, acepté la propuesta y cada día caminaba más lejos de la voluntad del Señor. Es de suma importancia recalcar que el modelaje en sí no es malo, pero en mi corazón era un peligro.

Siguieron llegando propuestas muy tentadoras y entre ellas, la oportunidad de trabajar en un canal de televisión en Puerto Rico. Creo que imaginas mi respuesta: acepté, dando otro paso más lejano a la voluntad de Dios.

Aun así, la misericordia de Dios me alcanzaba y me recordaba que Él seguía esperando por mí; y hoy te recuerda que su misericordia es renovada cada mañana y también está esperando por ti.

Las Escrituras nos dicen que perecemos por falta de conocimiento y esto sucede cuando no leemos la palabra de Dios. Nos sumergimos en el desconocimiento y caemos en las trampas del enemigo, aun teniendo un manual de vida que Dios dejó para guiarnos al plan que Él diseñó para cada uno de nosotros.

En aquel momento sentía en mi corazón que no estaba haciendo del todo bien, pero lo ignoraba. Desconocía que no podemos caminar con Dios y correr con el enemigo al mismo tiempo, pues esto nos hace tibios. (Mateo 6:24).

Por tal razón, y aquí abro un paréntesis, recalco la importancia de estudiar la palabra de Dios, ya que ella nos ayuda a reconocer las mentiras del enemigo y tener como escudo la verdad de Dios. Cuando nutrimos nuestra mente y alma con las Escrituras, reconocemos los ataques o las ofertas del enemigo con facilidad.

Es totalmente cierto que cuando aceptamos a Jesús como nuestro Salvador, todos nuestros pecados son perdonados, lo pasado queda atrás y todo es hecho nuevo (2 Corintios 5:17), pero tenemos que permitirle al Señor que nos transforme. Él es un caballero y jamás nos obligará a cambiar. El cambio ocurrirá cuando permitimos que el Espíritu Santo comience a remover de nosotros todo lo que no es del agrado de Dios.

Hay cosas que el Señor cambia y hay otras que nos toca a nosotros cambiar; Dios nos liberta, pero nuestra parte es caminar en su dirección y bajo su voluntad para así ir trabajando con las heridas que nos detienen. Te hablo del perdón, del carácter y de la decisión de tomar nuestra cruz, seguir a Jesús y no volver atrás; o sea, de tener dominio propio. La palabra nos dice que no somos de este mundo; por ende, no podemos amar las cosas del mundo. **«No amen al mundo ni nada de lo que hay en él. Si alguien ama al mundo, no tiene el amor del Padre» (1 Juan 2:15).**

Durante ese periodo, tal vez no enfrenté a Goliat, pero enfrenté muchos gigantes que yo misma construí con cada paso en falso que daba. Sí, porque cuando caminamos lejos de la voluntad de Dios, cada paso es como si camináramos en tierras movedizas. Ahora bien, Salmos 103:8 nos enseña que Dios es tardo para la ira y grande en misericordia. ¡Cuán grande es su gracia!

Aun queriendo imponer mi propia agenda, recibí una llamada de la misma mujer que Dios usó para advertirme que enfrentaría una prueba muy grande en mi vida. Esa llamada me rescató. Bueno, la realidad es que Dios utilizó esa llamada para rescatarme y recordarme que su plan siempre sería mejor al mío.

Nuevamente, Dios me habló.

Sus palabras fueron: «Estás caminando en un horno de fuego y si no vuelves tu mirada a Dios, te quemarás. Dios está ordenando todo y preparando a tu esposo. Porque llevarás velo y corona y serás recompensada, ha dicho el Señor».

No podía dejar de llorar. No podía creer cómo acepté caminar en mi propia voluntad y alejarme de la promesa de Dios. Cuando Dios promete algo a tu vida, eso jamás caducará, pues Dios no es hijo de hombre para mentir o arrepentirse. Pero si caminamos en nuestra voluntad, abriremos puertas que traerán atraso a nuestra vida, y, como consecuencia, atrasará el cumplimiento de la promesa de Dios.

Regresé a la iglesia. Volví a orar, comencé a ayunar, retomé la lectura de la Biblia, eliminé la música secular y comencé a nutrir mi mente con música edificante. En resumen, permití que Dios sanara mi corazón sin darle espacio al enemigo de contaminar mis pensamientos. Recordé lo mucho que amaba a Dios.

¿Y cómo sabemos que amamos a Dios? Lo sabemos cuándo comenzamos a amar lo que Dios ama y a rechazar lo que Dios rechaza. Cuando renunciamos al libre albedrío y nos sometemos a su voluntad, que es buena y agradable. Es decir, cuando nos damos la oportunidad de tener un corazón conforme al agrado de Dios.

• •

Mientras yo retomaba todo, Dios me recordaba que en sus brazos es mi lugar seguro y que soy perfectamente amada por Él. Y hoy te recuerdo que ¡tú también lo eres!

• •

Cuando andaba tibia, el vacío en mi corazón se hacía más grande, mis heridas seguían sangrando y mis emociones no tenían límites. Mientras más me alejaba, menos sentía la dirección de Dios, su voz se hacía menos audible y su presencia se convirtió en ausencia en mi corazón. Le quitaba el lugar a Dios para dárselo a las mentiras que el enemigo utiliza para ahogarnos y destruirnos. En aquel momento fue cuando comprendí el verdadero significado del Salmo 84:10: «*Porque mejor es un día en tus atrios, que mil fuera de ellos. Escogería antes estar a la puerta de la casa de mi Dios, que habitar en las moradas de maldad»*

De esto aprendí que...

Es necesario identificar, analizar y trabajar con nuestras pérdidas y heridas. ¿Cómo logramos esto? Entregando nuestras cargas a Dios. Entonces Él nos dará descanso, y la paz que sobrepasa todo entendimiento guardará nuestros corazones. (Mateo 11:28, Salmo 55:22, Filipenses 4:6-7)

En muchas ocasiones, Dios nos hace sentir su ausencia para que aprendamos a valorar su presencia. Esto me llevó a comprender que el Señor siempre tendrá un mejor plan y una mejor solución a la nuestra. Alejarnos de Él nos hace tibios, pero reconocerlo nos devuelve el gozo, la alegría y nos permite habitar bajo el abrigo del Altísimo, devolviéndonos la temperatura perfecta para experimentar la presencia y dirección de Dios.

Dar pasos en falso solamente nos conducirá a tierras movedizas, pero caminar en tierra firme nos permitirá alcanzar el plan que Dios tiene para cada uno de nosotros, que siempre superará nuestras expectativas.

Isaías 55:8-9, NVI

«Mis caminos y mis pensamientos son
más altos que los de ustedes; ¡más
altos que los cielos sobre la tierra!»

CAPÍTULO XII

Sanando

Dios nos brinda a diario la oportunidad de decidir levantarnos, creer, confiar, y continuar viviendo. En otras palabras, la oportunidad de convertirnos en nuestra mejor versión. Una versión formada conforme a la voluntad de Dios, que, aun en el dolor, su enfoque está dirigido hacia la victoria y no hacia el sufrimiento.

Esto me llevó a 2 Corintios 4:18: *«No mirando nosotros las cosas que se ven, sino las que no se ven; pues las cosas que se ven son temporales, pero las que no se ven son eternas».* Tomé el consejo y comencé a enfocarme en aquello que no podía ver, pero que Dios ya tenía hecho en su tiempo y para su eternidad. Me enfoqué en lo invisible porque lo visible me detenía. A eso le llaman **caminar por fe.**

Esta vez no quería dirigirme por mi propia prudencia, sino que rogaba a Dios que, en todo momento, Él fuera mi dirección. Aún había cosas que sanar, pero a pesar del desierto, decidí confiar en Dios.

En medio del desastre que me rodeaba, mi enfermedad se exacerbó y por segunda ocasión tuve que entrar en una sala de operaciones. Esta vez la endometriosis alcanzó mis intestinos y los adhirió a la matriz, ambas trompas estaban

> *Cuando nuestra confianza está puesta en el Señor y no en los desastres, entendemos que para Él no hay nada imposible.*

completamente obstruidas, los niveles de estrógeno y progesterona no eran suficientes y mis ovarios eran poliquísticos, por lo que se sumaron dos nuevos diagnósticos: síndrome de ovario poliquístico asintomático y anovulación.

Nuevamente, la ciencia me diagnosticaba estéril; lo visible apuntaba a que era imposible que aquella promesa llegase a ser una realidad, pero mi enfoque seguía puesto en lo invisible. Yo no sabía cómo Dios lo iba a hacer, pero ¡sabía que lo haría!, porque su palabra nos dice que todo lo que Él promete lo cumple. Decidí creer en Él con todo mi corazón y mi ser, y cada vez que algo empeoraba o los médicos me recordaban mi realidad, a mi mente llegaba esta frase: «Si Dios lo prometió, ¡lo cumplirá!».

Cuando nuestra confianza está puesta en el Señor y no en los desastres, entendemos que para Él no hay nada imposible.

Seguí estudiando la palabra de Dios, y entre más lo hacía, más herramientas tenía para continuar caminando en mi desierto. Tenía tanta hambre de Dios que decidí leer toda la Biblia, de principio a fin. Fue un gran reto, pero fue el mejor reto de mi vida y me ha dado la mayor recompensa: luz, dirección y la armadura de Dios en mi caminar.

Leer la Biblia nos capacita para enfrentar los días malos y nos enseña a llevar puesta la armadura de Dios en todo momento para así resistir las tormentas que se desatan en nuestra vida.

De esto aprendí que...

Dios no es un Dios de épocas, sino de eternidad. Él es el único Dios que existe, y a quien debemos buscar todos los días como nuestra prioridad y no como rescate o solución.

La tierra pasa por etapas o estaciones durante el año, y, por ejemplo, cuando se avecina la temporada de huracanes, la respuesta de cada ciudadano es buscar ayuda y prepararse para enfrentar la tormenta. Muchos somos como esos ciudadanos, solo buscamos a Dios en la temporada de huracanes. Es decir, solo clamamos a Él cuándo se avecinan o enfrentamos tempestades.

Dios no es un Dios de épocas. ¡Él es el Dios de la eternidad! El Dios de todos los días, sean buenos, malos o peores, es el Dios al que siempre debemos buscar.

A diferencia de un huracán que solo llega en su temporada, el enemigo anda como león rugiente, buscando a quién devorar día y noche. Todos los días busca matar, hurtar y destruir, y llevarnos al enfriamiento espiritual para así estar débiles y no resistir sus ataques.

Por tal razón, hoy me dirijo a ti. A ti que tal vez todo a tu alrededor es un desastre, y apunta a que es imposible salir de tu dolor. A ti que tal vez estés enfrentando una temporada de huracanes en tu vida. No te enfoques en eso, ¡enfócate en la solución! ¡Fija tu mirada en Jesús!

Agárrate fuerte del Señor, y sé cómo el hombre prudente que construyó su casa sobre la roca, y cuando descendió lluvia, y vinieron ríos, y soplaron vientos, y golpearon contra aquella casa; no cayó, porque estaba fundada sobre la roca (Mateo 7:25).

Hoy te recuerdo que Dios debe ser tu prioridad y no tu rescate de temporadas. Acércate a Él para que así te acerques a su perfecta voluntad para tu vida. Camina confiada. Camina firme. Camina con la certeza de que, aun en medio del desierto o la tempestad, los vientos y las olas le obedecen al Señor. Confía, porque en su perfecto momento, ¡Dios cumplirá aquello que te prometió!

Hebreos 10:23, NVI

«Mantengamos firme la esperanza
que profesamos, porque fiel es
el que hizo la promesa».

CAPÍTULO XIII

Preciso, precioso y perfecto

Cuando volvemos nuestra mirada al Señor, comenzamos a movernos en su tiempo y dirección. Pasamos de andar sobre tierras movedizas a dar pasos firmes sobre la roca. Esto nos conduce a caminar en el tiempo de Dios.

En muchas ocasiones escuchamos la frase: «El tiempo de Dios es perfecto», y a ese tiempo yo le llamo «el tiempo de las tres P»: **p**reciso, **p**recioso y **p**erfecto. Eclesiastés 3:1 nos dice que todo bajo el sol tiene su tiempo y su hora, y Eclesiastés 3:11 nos dice que todo lo hizo hermoso en su tiempo. ¡Qué precisión, perfección y hermosura hay en el tiempo de Dios!

Caminar al ritmo del tiempo de Dios abrió paso a que millones de rayos de esperanza alumbraran mi vida y borraran las tinieblas donde estaba sumergida. Haber decidido caminar con Él y no correr con el enemigo, devolvió la esperanza de aquella promesa que Dios me había dado. Nunca dudé de aquella palabra, pero entre más me alejaba de su presencia, más lejos caminaba de mi bendición.

Fue un error alejarme de Dios, pero Él utilizó mi error como pieza de un rompecabezas, porque cuando Él opera a nuestro favor, todo se alinea y fluye. Ahora bien, tengo que recalcar que Dios opera a nuestro favor siempre y cuando caminemos en obediencia a su plan.

Caminar en obediencia a su plan significa renunciar al nuestro; significa menguar al «yo» para que Cristo viva en nosotros, implica alimentar nuestra relación con Dios todos los días: en los buenos, los no tan buenos y los peores momentos. Significa adorar a Dios en medio de la prueba; creer en Dios a pesar de los diagnósticos, los pronósticos, el abandono, el dolor, la pérdida; mantenerse en fe, aunque todo nos indique lo contrario a confiar en su plan.

En mi pasado lo desconocía, pero en mi presente sé que Dios permitió mi desierto para que hoy mi testimonio sea una herramienta de sanidad en tu proceso.

Continúo con mi historia:

Debía presentarme en un estudio de grabación, ya que fui la modelo elegida para un video de música urbana. Decidí renunciar al modelaje, pero antes tenía que cumplir con esta última grabación y hoy, ocho años después, comprendo que Dios permitió que yo estuviera allí porque en Él no existen las casualidades, sino propósitos. Aquella noche conocí al hombre que Dios siempre tuvo guardado para mí.

Y puede que ahora tu mente se llene de preguntas: «¿cómo Dios permitió que estuviera allí, si aquel lugar no era de su agrado?» «¿Cómo es posible que tuviera guardado para ti un hombre que no le servía a Él?» Lo mismo me preguntaba yo, pero más adelante entendí que no nos toca comprender, sino creer, confiar y seguir caminando hacia la voluntad del Señor. Aprendí que podemos ser el milagro en la vida de otros.

¿Te has puesto a pensar que tal vez no has recibido tu petición o tal vez Dios cambió tus planes, porque Él te va a utilizar como un milagro en la vida de alguien más?

Muchas veces nos adelantamos al plan que Dios tiene para nuestras vidas sin darnos cuenta de que a nuestra manera no funciona, pero a la suya todo fluye a la perfección. Esto no quiere decir que, dentro del plan de Dios, no enfrentaremos aflicciones, pero sí nos garantiza su compañía y su paz en medio de ellas.

Aquella noche, mientras tomábamos un receso de la grabación. Llegó él, mi perfecto amor. Tomó asiento a mi lado y comenzó una conversación con un sencillo «hola». Intercambiamos varias palabras y al finalizar el receso, me pidió mi número telefónico. Dos días más tarde, recibí una invitación para asistir a uno de sus eventos y, sin ninguna intención más, acepté.

Él era un hombre que caminaba muy lejos de la voluntad de Dios, pero detrás de sus pasos, tenía una hermana que sirve al Señor y que día y noche clamaba por la salvación de su hermano. Y a esas oraciones se unían las mías, porque, sin saber que oraba por mi perfecto amor, todas las noches clamaba a Dios para que el hombre que Él tuviera guardado para mí lo amara tanto que fuera incapaz de hacerme daño.

¡Creí que mi historia de amor había terminado, sin saber que apenas comenzaba! Mis oraciones estaban siendo escuchadas.

De esto aprendí que...

Muchas veces nuestra mente nos convence de la mentira de que Dios no nos escucha, pero la realidad es que Él siempre escucha las oraciones de todos. Jeremías 33:3 dice: «Clama a mí, y yo te responderé, y te enseñaré cosas grandes y ocultas que tú no conoces». Sin duda alguna, cuando clamamos al Padre en su **preciso, precioso y perfecto** momento, ¡nos responderá!

Salmos 38:15

«Porque en ti espero, oh, Jehová, he esperado;

tú responderás, Jehová, Dios mío».

CAPÍTULO XIV

Confirmación

La relación perfecta no existe, pero la perfección dentro de ella, sí. Esa perfección es Dios, quien se convierte en la base y fundamento del hogar, y en ese tercer doblez para que el cordón no se rompa.

El mundo nos enseña que el hombre perfecto es aquel que nos baja las estrellas, pero yo aprendí que no es quien nos baje las estrellas, sino el que nos acerque a quien las creó. En otras palabras, un hombre con un corazón conforme a la voluntad del Señor, y que su fin siempre sea llevar a su familia en dirección a Dios.

A pesar de que el hombre que conocí aquella noche en un estudio de grabación caminaba muy lejos de la voluntad de Dios, el Señor ya tenía un plan. Él había escuchado mi clamor y el de su hermana, una hermana que yo nunca había conocido, pero que Dios, que ya conocía todo, había puesto ahí para seguir juntando cada pieza y así formar su propósito.

Nuestra relación comenzó en octubre del 2016. Comenzó como una amistad muy genuina y sin ningún interés o intención más allá de una sana amistad. Pasaron los meses y llegó diciembre, el mes de mi cumpleaños. Decidí hacer un compartir entre amigos y, por supuesto, lo invité.

Llegó la noche de la actividad, y antes de la medianoche, él llegó. Ese acto tocó mi corazón, ya que él se encontraba en una gira musical en Colombia y yo en Puerto Rico, y tomó un vuelo desde tan lejos para estar en mi cumpleaños. ¡Yo era importante para él! Tres días más tarde, me hizo saber que se había enamorado de mí.

«¿Qué hago con estas emociones?», fue mi primera pregunta. No quería tomar ninguna decisión por emoción, sino por convicción, así que clamé a Dios por una confirmación antes de comenzar una relación con él. Jamás imaginé cómo llegaría mi confirmación.

Mi perfecto amor me invitó a conocer a su papá y a su hermana. Llegamos a una playa en Isla Verde, Puerto Rico, y allí los conocí. Su hermana se acercó, me abrazó y me dijo al oído: «Tú eres la mujer que Dios tiene para mi hermano». Mi mente, mi corazón y todas mis emociones rebozaron dando gracias a Dios, pues mi petición y mi confirmación habían llegado.

Pero esta no fue la única confirmación que recibí. Al parecer, Dios no quería que por ninguna razón dudara de su plan.

Mi segunda confirmación llegó días más tarde mientras me encontraba en mi trabajo. Recuerdo estar en la oficina de la sala de emergencias y de pronto me llegó un mensaje con dos fotos de mi amado. Comencé a mirarlas y, mientras observaba, la misma mujer que Dios había utilizado tiempo atrás para traer a mi vida una advertencia y una promesa, se acercó a mí y comenzamos una conversación.

> *¡Dios honra la espera y la resistencia! Así que resiste, clama a Él y tu respuesta llegará.*

En medio de nuestra plática, ella me preguntó: «¿Qué miras en el celular?». Le mostré las fotos y, mirándome fijamente a los ojos, me dijo: «Es él, no cambies tu mirada; es él».

¡Dios me hablaba nuevamente!

Aquí abro un paréntesis y te invito a reflexionar sobre la importancia de involucrar a Dios en todos tus asuntos. Tomar una decisión por emoción nos puede llevar a perder nuestra bendición. Ahora bien, para recibir confirmación debe de haber un acto de clamor y oración. La palabra nos enseña a orar con fe, creyendo que recibiremos aquello que hemos pedido, claro está, conforme a la voluntad de Dios.

Cuando oramos, no podemos ser como las olas del mar que se pasean de un lado a otro. Es decir, no podemos ser inconsistentes entre la fe y la duda, porque así no trabaja Dios. Él trabaja en orden y justicia. ¡Dios honra la espera y la resistencia! Así que resiste, clama a Él y tu respuesta llegará.

Pasamos una tarde muy hermosa en familia, y al finalizar el día, llegó una propuesta que jamás pensé que llegaría.

—No quiero que te vayas —me dijo—. ¿Qué tengo que hacer para que te quedes conmigo?

Fui criada con unos valores muy reservados y genuinos. A pesar de haber estado casada anteriormente, sabía que mis padres no aceptarían que me quedara con él sin estar casados. Además, por encima de todo eso, estaba Dios, y quedarme sería sinónimo de incumplimiento con el Señor. Esto podía abrir una puerta que atrasaría el cumplimiento de mi promesa.

—No puedo quedarme aquí para siempre —le respondí.

—¡Entonces iré a hablar con tus papás! ¡Vamos a casarnos!

Sonreí, lo miré y pregunté:

—¿Me estás proponiendo matrimonio?

—¡Sí! No quiero pasar ni un solo día más sin ti. Quiero pasar el resto de mi vida a tu lado.

Jamás olvidaré ese día; el día que abrió paso a una de mis promesas. Esta vez sentí paz, pues la confirmación del Señor me daba la seguridad de caminar firme. Me sostuve fuerte de aquella confirmación y me lancé, no en un mar de emociones, sino en un mar de bendiciones. ¡Dar el primado a Dios me condujo a recibir las añadiduras que Él tenía reservadas para mí! Sin duda alguna, todo bajo el sol tiene su tiempo y su hora. ¡Mi recompensa venía en camino!

De esto aprendí que...

Debemos tener paz, pues el plan de Dios siempre será mejor que el nuestro. Nuestros planes corren deprisa, pero el de Dios se mueve a la perfección.

Hoy te recuerdo: Vendrán mejores momentos, conocerás mejores personas, y llegarán mejores oportunidades. Lo que sea que estés pasando hoy, no será para siempre. Ten paz, esa que sobrepasa todo entendimiento.

En ocasiones hacemos planes y pensamos que todo correrá de la forma en que queremos, pero llega Dios y destruye esos planes cuando justamente están a punto de destruirnos a nosotros. En otras palabras, Dios jamás nos quitará algo para hacernos daño. Él remueve lo que nos hace daño para bendecirnos con lo mejor.

Romanos 8:18

«Pues tengo por cierto que las aflicciones del tiempo presente no son comparables con la gloria venidera que en nosotros ha de manifestarse».

CAPÍTULO XV

Velo y corona

La vida nos cambia los planes, pero Dios jamás cambiará sus promesas.

Desperté el 24 de marzo del 2017 con el cumplimiento de una de las promesas que abrazaban mi vida: «Estoy ordenando todo y preparando a tu esposo. Porque llevarás velo y corona y serás recompensada».

Aquella hermosa promesa había llegado a mí en el 2014 en medio del desastre en el que me encontraba. Tres años más tarde, ¡Dios la cumplió! Aún había un desierto que recorrer, pero estaba más cerca de mi tierra prometida.

Mis padres sentían paz, mi familia estaba de acuerdo. Todo continuaba fluyendo de una manera muy sutil. Mi cuñada nos sorprendió con un pastor para unir nuestro matrimonio no solo por civil, sino con la bendición de Dios. Por tal razón, sé que cuando Dios está en el asunto, todo fluye a su perfección.

Ahora bien, ¿cómo saber si es la voluntad? El primer paso es orar a Dios por una respuesta o confirmación. Ese algo o alguien irá alineado con la palabra de Dios y te acercará más al Señor. Por otra parte, verás el respaldo de Dios en todo momento, y mejor aún, sentirás paz.

Así puedo describir el día en que uní mi vida al hombre que Dios tenía guardado para mí. Un día donde la paz que sobrepasa todo entendimiento inundaba mi corazón y no sentía ni una pizca de temor por la decisión que estaba a punto de tomar. Lo más hermoso de todo es que, en medio de mi desierto, Dios construyó un manantial que comenzó a hidratar mi corazón. Mi perfecto amor aún no era un hombre conforme a la voluntad de Dios, pero la voluntad de Dios ya se hacía evidente en aquella unión.

Me preparé en el hotel, llegaron mis padres y hermano menor, tomamos unas lindas fotos, y luego partimos al lugar donde la ceremonia se llevaría a cabo.

Llegamos al sitio, mi padre me tomó de la mano y desfilamos hacia la mesa donde recibiría la bendición de Dios junto a mi perfecto amor. Llevaba puesto un hermoso vestido blanco, bordado y ajustado a mi silueta, con una cola de telas bordadas transparentes. Mis cabellos sueltos, en ondas y una diadema de flores de cristal; y en mis manos cargaba un hermoso ramo de flores blancas. Todo estaba decorado de blanco, dorado y madera. Era un lugar pequeño, pero cada persona presente era muy importante para nosotros.

Mientras caminaba hacia mi futuro esposo, miraba su rostro y él comenzó a llorar. Yo sonreía nerviosa porque sabía que la presencia de Dios estaba en aquel lugar. Mi padre extendió su mano junto a la mía, y dijo: «Por favor, cuídala… Dios creó dos de uno. Pero hoy, dos se convertirán en uno».

Junto a esas palabras se unieron las palabras de mi amado Marlon, palabras que aún recuerdo y por siempre llevaré en mi corazón:

«Mi verdadero amor, es casi indescriptible la emoción que siento hoy. Desde muy pequeño siempre tuve una pregunta muy presente: ¿Cómo sería mi esposa? Intentaba en ocasiones imaginarla, pero hoy, Rosalina, te puedo confirmar que ¡Dios es perfecto! No tuve la capacidad de imaginar una mujer tan espectacular como tú. Hoy, frente a los seres que más amo en esta vida, te digo gracias por aceptar el reto de caminar junto a mí por el resto de nuestras vidas. Me comprometo a respetarte, cuidarte y amarte hasta que Dios me dé vida aquí en la tierra».

El Señor es un Dios de orden. Mientras escuchaba los votos de mi amado, por mi mente pasaban imágenes como si fuese una película: cada vivencia, cada lágrima, cada suspiro de dolor, los recuerdos de todo lo que había vivido y cómo Dios me sostuvo hasta llevarme a los brazos del hombre que Él siempre tuvo guardado para mí.

De esto aprendí que...

Las rocas que entorpecen nuestro caminar son en realidad los escalones que nos permiten llegar a nuestra bendición. Amo una reflexión del poeta y profesor brasileño, Antonio Pereira Apon que se titula: «La piedra», y dice: «El distraído, tropezó con ella. El violento la usó como proyectil. El emprendedor construyó con ella. El caminante, cansado, la usó como asiento. Para los niños fue un juguete. Con ella David mató a Goliat. Miguel Ángel extrajo de ella la más bella escultura. Y, en todos los casos, la diferencia no estaba en la piedra, sino en el hombre».

¡La palabra de Dios nos habla tanto de esto! De cómo debemos ser sabios y prudentes; de cómo los necios desperdician la bendición, pero los sabios la alcanzan, incluso con los tropiezos de su caminar, porque, a diferencia del necio, el sabio acude y depende de Dios en todo y para todo.

Cuando Dios nos da una nueva oportunidad, comienza con un final. Las puertas que se cierran son las que nos llevan a nuestra mayor bendición, y con cada roca que obstruye nuestro caminar, si somos sabios y con la ayuda de Dios, podemos construir un castillo donde recibiremos las bendiciones que el Señor tiene para nosotros.

Por eso hoy te pido que seas sabia en medio de tu desierto. Identifica la piedra que hoy obstruye tu camino, recógela, entrégala en las manos de Dios y juntos construirán el castillo donde recibirás las promesas y recompensas que Él ya tiene para ti. Que tu enfoque no sea el mundo entero, sino acercarte más y más a quien lo creó.

Salmos 34:8, NVI

«Prueben y vean que el Señor es bueno;

dichosos los que en Él se refugian».

CAPÍTULO XVI

Perdón

*D*os semanas antes de la boda, recibí una llamada en la sala de emergencias donde me encontraba trabajando. Era una voz muy conocida, una voz que no había escuchado desde hacía varios años.

«No te cases, sal… Soy yo, estoy afuera, podemos irnos juntos y comenzar de cero». Colgué el teléfono y sentí coraje. Nuevamente, el enemigo utilizaba mi pasado para entorpecer mi presente y hurtar mi futuro. Sabía que aún faltaban cosas por sanar, pero experimentar aquel sentimiento de rabia me hizo comprender que todavía tenía que perdonar.

El perdón es una decisión voluntaria que nos libera de sentimientos que nos atan al pasado y nos dañan el corazón, creando una raíz de amargura. El perdón no es para la otra persona, sino para nosotros mismos. Es una herramienta necesaria para nuestras vidas, ya que detrás del perdón, llega la libertad. Ahora bien, **el perdón no va a cambiar la situación por la que pasamos, ni tampoco cambiará a la persona que nos hirió, pero sí cambiará nuestro corazón, haciéndolo libre y rompiendo las raíces del dolor.**

Es cierto que ya había recibido parte de mi promesa, pero también lo era que todavía había cosas que sanar en mi corazón. Cosas que, si no soltaba y dejaba ir, se convertirían en las raíces que atraparían mi promesa. Aun así, Dios, con su sabiduría, obró de la manera más hermosa para hacerme saber que era necesario perdonar.

Te cuento:

Cuatro meses después de haberme unido en matrimonio con mi amado, recibimos una invitación para asistir a una iglesia donde su amigo se congregaba. Decidimos ir, sin saber que ese día, nuestras vidas serían transformadas.

Al finalizar el culto, la pastora hizo un llamado. Varias personas pasaron al altar, pero ella, con una voz muy sutil, continuaba aquel llamado. Las manos de mi amado temblaban, y el sudor bajaba por su frente. Había una lucha en él, Dios lo estaba llamando, pero la carne lo detenía. La pastora guardó silencio y luego dijo: «El Señor te está esperando, no temas, solo pasa al frente y entrega tu corazón a Jesús».

Cerré mis ojos, oré y cuando los abrí, mi amado estaba de rodillas en el altar. ¡Dios prevaleció! ¡Él siempre prevalecerá! Mi esposo había aceptado a Jesús como su Salvador, sus pecados fueron borrados, lo viejo quedaba atrás y el Señor lo hacía nuevo.

En medio del llamado, Dios utilizó a la pastora para hablar a mi vida: «Alguien tiene que soltar, alguien tiene que perdonar». Mientras hablaba, continuaba acercándose a mí. Tocó mi cabeza y dijo: «Te rompieron el corazón, pero hoy Dios lo restaura con su amor. Lo que ayer dolió, mañana lo testificarás con gozo. Era necesario que caminaras por el desierto, porque tu testimonio alcanzará multitudes para que ayudes a otras mujeres a conocer el poder de Dios».

¡Hoy es el día para soltar el ancla que te detiene a avanzar hacia el camino que Dios quiere para tu vida!

Caí de rodillas y dije: «Los perdono». En ese momento mi corazón fue libre del dolor, del coraje, de las preguntas, del temor al rechazo y el abandono. **Perdonar fertilizó mi corazón.** Perdonar dio espacio a Jesús para entrar y quedarse ahí para siempre. Perdonar desató aquellos nudos del pasado. Perdonar me hizo libre, ¡libre para adorar a Dios junto a mi amado Marlon!

Hoy te pregunto: ¿a quién tienes que perdonar?, ¿qué tienes que soltar para ser libre?

No camines en la prisión del pasado. No perdonar, solo detiene tu caminar, te hace inmóvil ante las promesas de Dios. ¡Hoy es el día para soltar el ancla que te detiene a avanzar hacia el camino que Dios quiere para tu vida!

De esto aprendí que...

Perdonar te dará el espacio para que Jesús entre a tu corazón y sane tus heridas. No podrás avanzar, si no sueltas el pasado. No podemos vivir en armonía cuando hay heridas que aún están presentes. Si no encuentras las fuerzas para perdonar, adora a Dios. Hechos 16:25-27 nos enseña cómo Pablo y Silas, mientras estaban presos, adoraron a Dios y ¡fueron libres! ¡Literalmente libres! ¡Sus cadenas fueron rotas y las puertas de la prisión se abrieron!

Ahora bien, *¿qué te hace pensar que Dios no puede librarte de la prisión del pasado, o de la prisión de las batallas en tu mente por falta de perdón?*

Pablo y Silas nos enseñaron que, en medio de la prisión, podemos adorar a Dios y Él se manifestará. Por eso hoy te recuerdo que el Dios que convirtió el agua en vino puede convertir nuestra prisión en libertad, en testimonio para edificar la vida de otros.

¡Sal ya de tu prisión! Perdona a quien te hirió. Entrégale tus cargas a Dios y ¡sé libre!

Si Dios lo hizo conmigo, también lo puede hacer contigo.

Gálatas 5:1, NVI

«Cristo nos libertó para que vivamos en libertad.
Por lo tanto, manténganse firmes y no se
sometan nuevamente al yugo de esclavitud».

CAPÍTULO XVII

Fértil

El perdón dio paso a que Dios fertilizara mi corazón para así formar una mujer de carácter conforme a su voluntad; una mujer con un corazón agradable a Dios y dispuesta a compartir su testimonio como herramienta para ayudar a otros. Mi corazón pasó de ser tierra pedregosa a tierra buena, donde se planta una semilla, crece y es repartida para la gloria de Dios.

Luego de aquella noche donde Dios transformó nuestras vidas, comenzamos a enfrentar fuertes transiciones. Mi amado perdió a su mejor amigo en un accidente y un huracán destrozó la isla donde vivíamos. Fue un momento muy duro; aun así, vimos la mano de Dios en todo momento.

El 20 de octubre de 2017 tomamos un vuelo a los Estados Unidos sin saber que sería un viaje sin regreso a nuestra amada isla. Dios tenía planes distintos a los nuestros.

Durante esa semana de vacaciones, recibí una buena oferta de empleo, pero eso significaba que tendríamos que mudarnos a los Estados Unidos. Oramos y pedimos confirmación al Señor, y dentro de nuestras oraciones, pedíamos a Dios por una iglesia donde congregarnos, si su voluntad era que nos quedáramos allí. Nuevamente, clamamos a Dios y Él nos respondió.

Recibimos una invitación para visitar una iglesia y fue allí donde Dios nos plantó y nos confirmó que en los Estados Unidos tendríamos nuestro nuevo hogar. Fue en aquella iglesia donde mi amado y yo nos bautizamos, donde conocimos la gracia y el mover del Espíritu de Dios en medio de su pueblo.

También recuerdo que antes de despedirnos de nuestra isla, nuestra pastora tocó mi vientre y oró por sanidad. Aquella noche sentí que Dios me sanó. Podía sentir una mano que traspasaba mi cuerpo y un hermoso viento que me llenaba de paz. Dios estaba reparando mi vientre.

Dos años más tarde, ya viviendo en los Estados Unidos, la endometriosis comenzó a hacer de las suyas. Estuve un total de ocho meses sin ver mi periodo. Mi esposo continuaba insistiendo en que eso no era normal y me llevó a buscar ayuda médica.

Comencé a visitar a una doctora que, al ordenar las pruebas y ver mis resultados, me recordó lo que en mi amada isla ya había escuchado: «No podrás ser mamá. El historial que me has dado, más los resultados de tus hormonas, confirman que será imposible quedar embarazada. Tu cuerpo no produce suficientes hormonas para sostener un embarazo y mucho menos uno implantado por la ciencia».

La realidad es que nunca había pensado en aquella opción. No estoy en contra del procedimiento de inseminación artificial o fecundación *in vitro*, porque, en mi opinión, Dios utiliza lo que tenga que utilizar para hacer su voluntad. Como humanos podemos planificar algo o realizar un procedimiento, pero solo bajo la voluntad de Dios, será efectivo.

Según la doctora, debía realizarme un procedimiento médico llamado histerosalpingograma para determinar cuán obstruidas estaban mis trompas de Falopio.

Salí de la oficina médica con cita agendada para aquel procedimiento y en mi mano llevaba una prescripción médica para un medicamento que inducía mi ovulación, porque corría peligro de desarrollar endometriomas en mis ovarios, y esto me llevaría a perderlos. Nunca tomé aquellos medicamentos. No sentía paz.

Llegó el día del procedimiento. Llegué a la oficina médica y me pasaron a un cuarto con una camilla y una enorme pantalla donde veíamos cuán obstruidas estaban mis trompas. Según mi última cirugía, realizada cinco años atrás de aquel día, ambas trompas estaban totalmente obstruidas y adheridas a mi matriz.

«Respira profundo», dijo el médico.

Sentí un fuerte dolor en mi abdomen bajo, el yodo radiactivo tuvo paso por ambas trompas de Falopio. La doctora exclamó: «Esto es mágico», y yo le respondí: «No, esto es un milagro». Aun así, sus palabras fueron: «A pesar de que tus trompas no están obstruidas, no habrá posibilidad de quedar embarazada porque tu cuerpo no ovula, ni produce las hormonas necesarias para sostener un embarazo implantado por la ciencia».

Nuevamente, comencé a repetir en mi mente: «Si Dios lo prometió, lo cumplirá… En su tiempo, lo cumplirá».

De esto aprendí que...

No importa tu diagnóstico ni tu pronóstico, porque la última palabra la tiene Dios.

La ciencia puede decir «no», pero Dios se puede manifestar con un «sí». Su palabra dice en 2 Corintios 12:9: *«Bástate mi gracia, porque mi poder se perfecciona en tu debilidad»*.

Ahora bien, cuando estudiamos la palabra de Dios, aprendemos que en todos los milagros que ocurrieron en la Biblia, había un denominador común: la fe. De hecho, hay un pasaje bíblico donde Jesús pasa por un pueblo y no hubo milagros por la falta de fe de aquellas personas. Sin embargo, una mujer que sangró durante doce años fue sanada con tan solo tocar el borde del manto de Jesús. ¡Guau! ¡Qué fe más admirable!

Hoy te abrazo en oración para que tu fe sea como la de aquella mujer o la de un hombre llamado Jairo, que, aun viendo a su hija muerta, sabía que Jesús podía levantarla de entre los muertos (Marcos 5:35-43).

Hoy ruego a Dios para que tu fe sea más grande que tus miedos. Que tu esperanza no mengüe, sino que borre tus temores y dé paso a tu milagro.

Marcos 9:23

«Jesús le dijo: "Si puedes creer, al
que cree todo le es posible"».

CAPÍTULO XVIII

Lucas Matteo

Durante todo mi caminar he aprendido que las promesas de Dios no tienen fecha de vencimiento, pero sí fecha de cumplimiento. Así lo viví el 5 de mayo del 2019, cuando el Señor decidió que era el tiempo de recibir mi milagro. La fecha que marcó mi vida para siempre y hoy me permite dar gracias a Dios, por lo que ayer fue mi mayor clamor.

Seis años, 72 meses, 312 semanas, 2190 días, 52560 horas, 3.2 millones de minutos, 189.3 millones de segundos y Dios no se olvidó de cumplir lo que me había prometido. Luego de seis años caminando por un desierto, ¡Dios decidió que había llegado el momento de alcanzar mi tierra prometida!

Desperté aquella mañana del 5 de mayo de 2019 y todo fluyó normal. Al llegar la noche, mi esposo me dijo: «Ya son más de diez meses sin periodo, tienes los medicamentos para mejorar esta situación de salud. Por favor, tómatelos».

Fui al baño y ya lista para tomar aquellos medicamentos, recordé que antes de comenzar el tratamiento, tenía que hacer una prueba de embarazo por protocolo médico, y enviar el resultado a la doctora como confirmación de que no había riesgo de comenzar el tratamiento que induciría mi periodo. Tenía una caja de pruebas caseras que me habían regalado en el trabajo, seguí las instrucciones médicas y me realicé una prueba cualitativa de embarazo.

Pasaron cinco minutos y no entendía lo que veía en aquella prueba. Una línea vertical roja muy pronunciada y otra línea vertical en un color rosa casi desvanecido. Grité en mi interior «¡Estoy embarazada!», y tapé mi boca para que esos gritos no fueran audibles para mi esposo. Tomé una foto del resultado y lo envié a mi amiga. Su respuesta fue: «¡ESTÁS EMBARAZADA!»

Traté de calmarme porque no quería que mi esposo se enterara, quería darle la noticia de una forma muy especial. La realidad es que él me notó rara, ya que pasé toda la noche glorificando a Dios; literalmente, toda la noche. Aun así, pude mantener en secreto que Dios había cumplido su promesa.

Mientras pasaban las horas de la noche, me preguntaba cómo no me había dado cuenta. Una semana antes había estado en el parque de Disney con toda mi familia, que habían viajado desde Puerto Rico para estar unos días con nosotros, y mientras compartíamos sufrí un mareo. En ese momento, mami me dijo: «Tú tienes cara de embarazada», y el día que se despidieron para regresarse a Puerto Rico, me reafirmó: «Cuando regrese, será para ver a mi nieto nacer». ¡El famoso «sexto sentido» de las madres, que en la Biblia se llama sensatez!

Desperté el 6 de mayo de 2019 y fui a la oficina médica. Realizaron otra prueba cualitativa y, nuevamente, las dos rayitas confirmaban mi milagro.

«Tenemos que realizar una prueba cuantitativa para tener récord del conteo de HCG, verificar tu conteo hormonal y saber cuántas semanas tienes», dijo el médico.

Al día siguiente, recibí una mala noticia: el total de la hormona HCG estaba en 79, lo cual era muy bajo e indicaba que el embrión no se estaba desarrollando y que mi cuerpo no estaba produciendo hormonas para apoyar su desarrollo. Mi conteo hormonal estaba en 0.7 y, según los números, tenía tres semanas de gestación. Las instrucciones médicas fueron que regresara en 48 horas para verificar si el conteo seguía igual. Lo normal es que, en ese periodo, el conteo de HCG y progesterona, se dupliquen.

Ahora bien, a pesar de los pronósticos médicos, Dios había obrado un milagro. ¿Entonces por qué dudar? Sabía que Él completaría su obra, así que cuando salí de la oficina médica, comencé a repetir: «¡Dios, tú lo hiciste! Cumpliste tu promesa, estoy embarazada, y sé que todo lo que haces, lo haces bien. Creo y confío en que el milagro que cargo en mi vientre, también lo cargaré en mis brazos».

Pasaron las 48 horas más largas de mi vida, todavía mi esposo desconocía que estaba embarazada. Regresé al consultorio médico y recibí lo que por fe sabía que escucharía: el conteo hormonal había duplicado y el conteo de HCG, había triplicado; mi pequeño se estaba desarrollando. En ese mismo momento, recordé el Salmo 139:16: *«Mi embrión vieron tus ojos, Y en tu libro estaban escritas todas aquellas cosas que fueron luego formadas, sin faltar una de ellas».*

¡La gloria es y por siempre será del Señor! La ciencia no me curó, el mundo no me sanó, ¡pero Dios sí lo hizo!

> *¡La gloria es y por siempre será del Señor! La ciencia no me curó, el mundo no me ~~sanó~~, ¡pero Dios sí lo hizo!*

Regresé a casa y preparé la sorpresa para mi esposo. Envolví la prueba de embarazo en un biberón y lo guardé en una caja de perfume. Lo invité a tomar asiento y le entregué su regalo. Mientras abría la caja de perfumes y sacaba el biberón, me miraba y decía: «No entiendo». Leyó la postal y nuevamente me miró y preguntó: «¿Estás embarazada?», y mirando a sus ojos, respondí con un emocionado «¡SÍ!». Se puso de pie, me abrazó y comenzamos a llorar. Luego hicimos una videollamada con toda nuestra familia y juntos lloramos, reímos, y adoramos a Dios por habernos permitido vivir el milagro más grande: ¡había vida en mi vientre!

¿Cómo olvidar las palabras de aquella mujer que Dios usó para confirmar mi promesa?: «¡Puedo verlo, El Señor me lo muestra! ¡Será un varón con cabellos ondulados y unos ojos muy grandes! ¡Y es tuyo!». Seis años después cargaba un milagro en mi vientre, y treinta y siete semanas más tarde, sostuve mi milagro en mis brazos. El varón que Dios me prometió me dio el título de mamá.

De esto aprendí que...

Nunca estuve en espera, sino en preparación. Dios transformó aquel corazón estéril en un corazón fértil; en un corazón dispuesto a seguir su voluntad y obedecer su palabra; un corazón que perdonó, sanó, y restauró para su gloria.

Aprendí que las pruebas son el puente para alcanzar nuestra bendición. Mientras caminamos por el desierto, Dios nos va formando. Sí, porque Él no está preparando algo para nosotros, sino que nos está preparando para recibir lo que ya tenía para nuestras vidas.

Hoy te recuerdo, una vez más: no estás en espera; estás en preparación. Tu promesa no tiene fecha de vencimiento, sino fecha de cumplimiento, porque para Dios, nada hay imposible. Y mejor aún, ¡si Él lo hizo conmigo, también lo puede hacer contigo!

• •

¡No te rindas por un mal capítulo en tu vida! Sigue adelante, pero esta vez, hazlo con Dios.

• •

¡Respira! Levanta tu cabeza y repite conmigo:

«No importa lo que vea, elijo la fe. No importa el diagnóstico, elijo la fe. Incluso en mi duda, levantaré mis manos. No veo un camino, pero Dios es experto en abrirlos donde no los hay. Me duele, pero en mi corazón elijo confiar en Dios. Incluso en la espera, sé que Él es bueno. ¡Es en la espera donde Dios me prepara!».

Lucas 1:37

«Porque nada hay imposible para Dios».

CAPÍTULO XIX

Isabella Rose

*D*ios es experto en abrir caminos donde no los hay. Cuando leemos la historia del pueblo escogido por Dios, entendemos que realmente todos pasamos por algún desierto, antes de llegar a nuestra tierra prometida. También entendemos que se requiere obediencia para poder llegar a ella.

Esta historia, que comienza en Éxodo y culmina Josué 1:24, toca muy profundo en mi corazón porque, al igual que el mar Rojo, mi vientre también estuvo cerrado, pero en su preciso, precioso y perfecto momento, Dios abrió el camino para recibir dos milagros que hoy me llaman mamá.

Fue un 10 de mayo del 2020 cuando recibí una llamada de la misma mujer que Dios usó para alertarme de que pasaría por un gran desierto, pero más adelante, Dios también la usó para profetizarme lo que hoy estoy viviendo. En esta ocasión, su llamada fue para mí y para mi esposo. Al finalizar la conversación, Dios comenzó a utilizarla y sus palabras fueron: «Porque no es solo uno, sino dos… Otro hijo vendrá en camino»

Sabía que todo lo que Dios promete o avisa a nuestras vidas, en su momento pasará, pero jamás imaginé que

> *El temor nos roba la fe, mientras que la fe nos permite recibir el milagro.*

mi hermosa princesa ya venía en camino. Meses más tarde, celebrábamos la confirmación de que sería una niña.

Durante las primeras veinte semanas de gestación, todo marchaba bien, pero más adelante nuestra fe fue probada: recién cumplí las veintiocho semanas, comencé a sangrar y me enviaron a la sala de emergencias con amenaza de parto prematuro.

Recuerdo que me transfirieron a un cuarto de ultrasonidos y, mientras miraba a mi niña a través del monitor, la joven que realizaba el sonograma me preguntó: «¿Su bebé tiene problemas cardíacos?» Le contesté que no, pero eso despertó una alerta en mí.

Al regresar al cubículo donde estaba mi camilla, el médico entró y en su rostro podía ver su preocupación. «Lo siento mucho, su bebé tiene serios problemas cardíacos. Tiene una arritmia conocida como Fetal SVT». Tomé la mano de mi esposo y le dije: «Mi amor, eso es muy grave, la bebé puede sufrir un paro cardíaco y morir». Mi profesión tomó el lugar de Dios; por un momento, el temor y mis conocimientos en salud me hicieron olvidar los milagros que había vivido y que la última palabra la tiene Dios.

Inmediatamente, mi esposo volteó su rostro y, mirándome fijamente a los ojos, dijo: «¿A qué Dios tú le sirves? Porque yo le sirvo a un Dios de sanidad y milagros. Nuestra hija está sana».

Aquellas palabras me transportaron a Marcos 5:36, cuando Jesús le dijo al principal de la sinagoga: «**No temas,** *cree solamente*». Mi esposo eligió creerle a Dios por encima de aquel diagnóstico. Entonces supe que el temor nos roba la fe, mientras que la fe nos permite recibir el milagro.

La mañana siguiente, fui dada de alta con instrucciones médicas muy estrictas. Según los cardiólogos y otros especialistas, tenía que presentarme una vez a la semana para monitorear el corazón de mi bebé. De igual forma, me entregaron un monitor fetal, donde, tres veces al día, escucharía el ritmo y velocidad cardiaca de mi niña. La realidad era que no sabía si era mejor desconocer sobre la medicina o tener el conocimiento que tengo, pues era muy difícil para mí escuchar cuán rápido latía el corazón de mi niña. Me explico: la frecuencia cardiaca de un bebé es entre 110 y 160 latidos por minuto. El corazón de mi niña corría a 250 latidos cada minuto. Dios continuaba probando mi fe.

A pesar de la dura prueba que enfrentábamos, Dios nos hizo saber que estaba con nosotros. Nos mostraba su amor a través de las oraciones de tantas personas que nos escribían o nos llamaban. Iglesias que nunca habíamos visitado, o personas que no conocíamos, dijeron «presente» con sus oraciones. Durante aquellos meses vimos el amor de tantos hermanos en la fe. Por tal razón, doy millones de gracias a todas aquellas personas que con sus oraciones nos abrazaban y la paz de Dios nos cubría. Sí, porque en medio de aquel desierto, la paz de Dios que sobrepasa todo entendimiento guardó nuestros corazones.

Una vez más confirmé que la paz no es la ausencia de aflicciones, sino la presencia de Dios. No podemos renunciar antes de que el milagro suceda, porque Dios siempre sabe lo que hace; y lo que ayer fue una oración, en el perfecto tiempo de Dios, se convertirá en nuestra respuesta.

Alcancé las treinta y siete semanas de gestación, y nuevamente comencé a sangrar. Llegando al hospital, me transfirieron a la sala de partos; mi niña estaba por nacer. Recuerdo las palabras del médico cuando dijo: «Es de suma importancia comentar los riegos durante el parto, ya que la bebé tiene serios problemas cardiacos. Es posible que, al nacer, ella tenga que ser cardio resucitada con un desfibrilador... También debemos añadir que la bebé puede fallecer».

La paz de Dios continuaba guardando nuestros corazones. A las 12:05 de la medianoche, llegó mi hermosa niña. Una niña que, según los médicos y las ecografías, nacería con un frágil corazón, pero para la eterna gloria de Dios, mi Isabella Rose nació con un corazón fuerte y sano. ¡Dios hizo el milagro!

Mi pequeña fue transferida a la unidad de cuidados intensivos donde fue monitoreada por setenta y dos horas y luego de haber sido dada de alta, nos tocó visitar un cardiólogo pediátrico por tres meses. En cada cita y en cada monitoreo, el corazón de mi niña estaba fuerte y sano. Para la gloria de Dios, fue dada de alta y su diagnóstico quedó en el pasado. Hoy puedo testificarle al mundo que, si creemos, veremos la gloria de Dios en nuestras vidas.

· ·

Los médicos curan, pero Dios es quien sana.

· ·

De esto aprendí que...

A pesar del fuerte desierto que tuvimos que caminar, lo hicimos sosteniendo la mano de Dios en todo momento. Pudimos ver su gloria como columna de nubes y fuego, sosteniéndonos y alumbrando nuestro caminar. Dios nos brindó la calma en medio de la tormenta.

Por eso hoy te abrazo muy fuerte en oración, a ti que estás en medio del desierto. Quiero recordarte que Dios está en cada etapa de tu vida. Si has tocado fondo y te sientes sumergida en un mar, ten paz porque es en el fondo del mar donde apreciamos la belleza de las profundidades.

Hoy parece un atraso, pero es Dios mostrándote que no era el momento. Parece que salió mal, pero es Dios con un plan mejor que el tuyo. Parece una pérdida, pero es liberación. Parece que es demasiado difícil, pero es Dios preparándote para cosas mayores.

Algún día entenderás, mirarás al cielo y gritarás: ¡GRACIAS! Verás con claridad que todo fue necesario para tu crecimiento espiritual. Dios no te pasa por el fuego para castigarte, lo hace para prepararte y lanzarte a cosas mayores; lo hace para que puedas comprender que, aunque pasemos por el fuego, jamás sufriremos una quemadura. Recuerda: Dios nunca te llevará donde su gracia no te sostenga. Confía.

¡Al final, el plan de Dios siempre supera nuestras expectativas!

Salmos 143:8, NVI

«Por la mañana hazme saber de tu
gran amor, porque en ti he puesto mi
confianza. Señálame el camino que debo
seguir, porque a ti elevo mi alma».

CAPÍTULO XX

Amadas por Dios

« Lo que ayer dolió, mañana lo testificarás con gozo. Era necesario que caminaras por el desierto; tu testimonio alcanzará multitudes para que ayudes a otras mujeres a conocer el poder de Dios».

Recibí esta hermosa promesa en el 2017 sin saber que hoy sería mi realidad y una de las tareas más hermosas que Dios me ha permitido vivir. Hoy esas multitudes son mi familia en la fe, son ustedes, amadas (y amados) por Dios.

Una noche de octubre del año 2022, me encontraba con mi esposo en la sala de nuestro hogar y de pronto le dije: «Quiero compartir mi testimonio… ¿Te parece bien?» Él me respondió: «Consúltalo con Dios, y si te dice que sí, adelante».

Eso yo ya lo había hecho, pues era algo que resonaba muy fuerte en mi pecho y no salía de mi. Así que, sin saber nada de vídeos o de creación de contenidos, entré a mi cuenta en Instagram y comencé a crear un reel. En cada foto que añadía, escribía una descripción de la situación que viví en aquel momento. Mientras hacía el video, dije: «Dios, gracias. No me duele recordar nada de lo que pasé; al contrario, siento paz y gozo».

En aquel momento éramos una familia de mil seguidores. No tenía una red profesional, ni creaba contenido, ni tenía el afán de ser reconocida; la realidad es que nunca lo he tenido. Solo tenía una red de amigos y familia y sentía en mi corazón que ya era el momento de compartir lo que Dios había hecho en mi vida.

Creé el video y recuerdo haber dicho: «Señor, que llegue a quien tenga que llegar». Para la gloria de Dios, el video alcanzó 2.4 millones de vistas, con más de cien mil comentarios. ¡Mi testimonio alcanzó multitudes! Pero Dios quería algo más.

Comencé a recibir mensajes privados de mujeres y hombres con problemas de infertilidad, problemas en sus matrimonios, problemas de salud, en fin, personas que necesitaban a Dios en sus vidas. Entonces entendí que la parte importante de aquella promesa no era que mi testimonio alcanzaría multitudes, sino que detrás de la multitud había un propósito: convertirme en una herramienta de Dios para la vida de todas las personas que acudieran a mi. Oré a Dios por sabiduría y le prometí que mi red social de Instagram sería completamente de Él y para Él.

De mil personas que éramos cuando subí aquel vídeo, hoy, empezando el 2025, somos una familia de casi cuatrocientos mil seguidores de Jesús, con un alcance de 7 millones dentro de la red social de Instagram. Allí todos los días comparto videos que edifican la fe, testimonios, palabra de Dios, y semanalmente hago una transmisión en vivo con un invitado o invitada especial. Leo y respondo a cada uno de los mensajes que recibo y elevo a Dios oraciones con sus peticiones para que cada uno pueda ver la mano de Dios en sus vidas.

Dentro de esta red social, nace «Amadas por Dios», un hermoso grupo de mujeres y hombres, que en la actualidad tiene más de catorce mil miembros (y creciendo), donde todos los días comparto la palabra de Dios y juntos edificamos nuestra fe. Cada mañana mi misión es sembrar ese rayo de esperanza para que todo el que reciba el mensaje sepa que Dios es bueno y que nada hay imposible para Él; que todo lo que Él promete, lo cumple, y que, si creemos, veremos su gloria en nuestras vidas.

Cada miembro del grupo, «Amadas por Dios», son esa hermosa y preciada multitud de la cual Dios me habló en el 2017. Doy la gloria y las gracias a Dios por cada una de sus vidas, porque más allá de animarles con mi testimonio, he podido ver el amor de Dios a través de sus oraciones. Ellas y ellos también han sido como Aarón y Hur en mis vidas, pues cuando mis brazos caen, sus oraciones me levantan, y hace poco viví una prueba de ello.

Te cuento:

En marzo de 2024 me preparaba para salir a predicar junto a un grupo de *influencers* cristianos que viajaron desde Colombia a los Estados Unidos. Ya de salida, comencé a sentir un fuerte dolor en la parte baja de mi vientre y mi espalda. Era tan fuerte que no podía conducir y tuve que regresar a mi casa.

Recuerdo que entré a casa y vi a mi esposo. Aún recuerdo su mirada; estaba confundido y a la vez asustado. «¿Qué te pasa?», preguntó. Solo logré decir: «Ayúdame» y caí al suelo. Recuerdo ver a Lucas e Isabella sosteniendo mis manos y diciendo: «Mommy it's ok».

Mi esposo me levantó del suelo y me llevó a la sala de emergencias donde me hicieron varios estudios. Encontraron que tenía una obstrucción intestinal: la endometriosis se había acomodado en las paredes de mi abdomen e invadido mis intestinos. Además, encontraron un endometrioma de cinco centímetros, que había provocado que mi ovario derecho se expandiera a ocho centímetros y que ambas trompas estuviesen dilatadas con tejido endometrial y sangre. Nuevamente, la ciencia veía mi diagnóstico y Dios probaba mi fe.

Me admitieron y consultaron a un ginecólogo y un cirujano; y luego de ser evaluada por ambos, fui dada de alta porque ninguno podía intervenir en mi caso. Era un caso de alto riesgo y, según ellos, había un 90 % de posibilidades de culminar con una resección intestinal, una histerectomía total y una colostomía para el resto de mi vida. Mi caso debía ser manejado por un ginecólogo-oncólogo.

Como proveedora de salud, entendía a la perfección lo que médicamente estaba sucediendo en mi cuerpo, pero como mujer de fe, sabía que si era la voluntad de Dios, Él podía sanarme. Una vez más me tocaba menguar en mi conocimiento de la medicina para que mi fe fuera más grande que ello.

En medio de mi aflicción, abrí mi corazón a mi amado grupo y les conté el proceso en el cual me encontraba. ¡¡¡Guau!!! Jamás olvidaré cada mensaje de aliento, cada oración, cada acercamiento mostrando su amor por mí.

¡Qué hermosa bendición me regaló el Señor! ¡Mis brazos eran levantados por mis hermanas y hermanos en la fe!

La noche anterior a la cirugía, le di acceso a mi esposo para que pudiera mantener informado a cada miembro del grupo y de mis redes. Recuerdo haberle dicho: «No importa lo que pase, por favor, escribes en el grupo y les das las gracias; hazles saber cuán importantes son para mí, porque en realidad lo son«». Y así fue, él los mantuvo informados desde mi entrada hasta mi salida de aquella sala quirúrgica.

Salí de la sala de operaciones y recuerdo que tocaba mi vientre y mi abdomen y decía: «Gracias, Dios». No había ostomía y tampoco sentía suturas en mi abdomen. Para la gloria de Dios, no hubo necesidad de un bisturí para solucionar mi problema de salud; los médicos no tuvieron que remover mi intestino, ni realizar una ostomía. ¡Mi sistema gastrointestinal seguía intacto! Su mano intervino antes de entrar a la sala de operaciones.

El Señor cumplió su promesa cuando abrió camino en mi vientre para dar paso a las vidas de mis pequeños milagros y aquella mañana, mi vientre fue cerrado, porque así le plació a Él. Hoy no tengo un sistema reproductor, pero tengo a Dios en un corazón que Él sanó, al hombre que siempre tuvo guardado para mí, y a dos hermosos milagros que me llaman: Mamá. Dios dispuso que ya era el momento de vivir sin el dolor de la endometriosis.

De esto aprendí que...

La distancia no es impedimento para Dios, pues Él está en todas partes y ha permitido que juntos continuemos creciendo en la fe. Aprendí que el amor echa fuera todo temor, pues el amor de mi familia y mis hermanos en la fe, me recordaban que el Señor estaba en control. Aprendí que no estamos exentos de las aflicciones, pero tenemos la garantía de la compañía del Señor en medio de ellas, y mejor aún, si creemos, Él nos dará la victoria conforme a su perfecta voluntad.

Entendí que no solo soy herramienta de Dios para la vida de otros, sino que soy parte de un hermoso rebaño llamado: «Amadas por Dios». El Señor me bendijo con una hermosa multitud que me ministró, edificó y sostuvo mis brazos cuando más lo necesité. ¡Gracias, Amadas por Dios!

Mi mayor oración es que podamos continuar edificando nuestras vidas y que cada persona que forma parte de este maravilloso grupo pueda ver el cumplimiento de las promesas de Dios en ellos.

• •

Hoy te recuerdo que en el pueblo de Dios no hay esterilidad. Esto significa que si nos unimos a Su pueblo, ¡seremos prósperos, seremos fértiles, daremos frutos! Y no me refiero al vientre, sino al corazón.

• •

Hoy abrazo muy fuerte a todas las mujeres que sufren de algún problema de salud. Las entiendo porque estuve ahí, y les pido que su fe no mengüe.

Por favor, persevera, pues alguien necesita saber lo que Dios hará en ti. Tu testimonio también puede alcanzar el corazón de quienes más lo necesitan. No trates de entender cómo Dios lo va a hacer, mejor descansa sabiendo que Él lo hará. Porque si Dios lo prometió, lo cumplirá.

Y por si aún lo dudas, hoy te recuerdo que eres perfectamente amada por Dios.

¡Dios te bendiga!

Si aún no eres parte de esta hermosa comunidad, te invito a unirte. Puedes encontrarme en Instagram como @yosoyrosalina y dentro del perfil encontrarás el enlace para que puedas ser parte del grupo «Amadas por Dios». Te animo a crecer con nosotros en la fe.

Romanos 15:13

«Y el Dios de esperanza os llene de todo
gozo y paz en el creer, para que abundéis en
esperanza por el poder del Espíritu Santo».

CONCLUSIÓN

*P*or lo general, nuestra respuesta humana ante las aflicciones del mundo, nos hace vulnerables y mucho más si las enfrentamos sin la presencia de Dios y las herramientas necesarias. Hoy reflexiono sobre aquella situación que me llevó a conocer el dolor y la soledad, miro al cielo y grito: «¡GRACIAS!, porque lo que ayer dolió, hoy puedo testificarlo con gozo; porque, con muchas piezas rotas, un corazón hecho pedazos y un vientre estéril, Dios se glorificó con mucho más de lo que merezco».

Sin duda alguna, si tuviera que pasar mil veces por aquel desierto para poder alcanzar todo lo que Dios tenía para mí, lo haría sin pensarlo. Hoy puedo testificar al mundo que para Dios no hay nada imposible y que todo lo que Él promete, en su perfecto, preciso y precioso momento, lo cumplirá.

Hoy miro atrás y puedo ver lo siguiente:

- Cuando no encontraba respuestas a mis preguntas, Dios ya las tenía contestadas.
- Cuando pensé que mi historia de amor había terminado, Dios me recordó que soy perfectamente amada por Él.
- Cuando pensé que huía de mi realidad, iba camino a los brazos del hombre que Dios tenía para mí.

- Y cuando la ciencia me diagnosticó estéril, ya Dios tenía la fecha de mis milagros.

Tal vez no seamos de la misma congregación, pero somos del mismo pueblo de Dios. Por tal razón, te comparto mis mejores consejos:

- **Abre tu corazón a Jesús**. Conócelo, Él es experto en sanar heridas. Aprende a obedecer su palabra y permítele ser tu guía. Esto te conducirá al plan que Él tiene para ti.

- **Dale el primado a Dios y aprende a escuchar su voz.** Ora y lee su palabra. Él te hablará, pero debes mantener el ruido del mundo en un volumen inaudible para que así puedas identificar la verdad de Dios y las mentiras del enemigo. Si pones al Señor primero que todo y todos, Él se encargará de las añadiduras.

- **Congrégate.** Una familia en la fe te animará y levantará tus brazos como Aarón y Hur levantaron los brazos de Moisés en Éxodo 17:12. Recuerda que Jesús sanó a un paralítico por la fe de sus amigos (Marcos 2:1-5)

- **Sé disciplinada en tu relación con Dios**. Así como un fisiculturista se alimenta adecuadamente y ejercita su cuerpo para aumentar su masa muscular, de la misma forma tenemos que alimentar nuestra mente y alma para fortalecer nuestra fe. ¿Qué escuchas? ¿Qué miras? ¿A qué le prestas atención? ¿Eso te edifica o te destruye? Recuerda que a lo que el mundo llama bueno, Dios le llama malo.

- **Camina por tu desierto como si ya hubieras alcanzado tu tierra prometida.** No le temas al desierto, mejor disfruta el proceso de transformación. Aprende a depender de Dios, vive en fe, suelta el pasado y abre tu corazón para recibir tu milagro. No te enfoques en el tiempo, enfócate en la transformación que debe ocurrir en ese periodo de espera. Recuerda: Dios no está preparando algo para tu vida, Él te está preparando a ti para que recibas tu bendición.

- **Adora a Dios en medio de la aflicción.** Su presencia se pasea en medio de la alabanza de su pueblo, y a los que confían en Dios, todo les ayuda para bien.

- **Perdona a quien te hirió.** No vivas atada al rencor, pues esto producirá una raíz de amargura en tu corazón y no te permitirá avanzar en tu relación con Dios. Tal vez perdonar no le causa nada a la persona que te hirió, pero sí te beneficiará a ti. ¡Perdonar te hace libre! ¡Perdonar romperá las cadenas que te atan al pasado y al rencor!

- **Nunca permitas que la aflicción te haga olvidar las promesas que Dios te ha dado.** Que estés en espera no significa que siempre estarás ahí. Recuerda que hay un tiempo para todo. Este periodo es solo el campo de batalla para prepararte. ¡La espera es temporal, pero las promesas de Dios son para siempre!

- **Sal de tu zona de confort.** A veces podemos sentirnos tan cómodos en la espera que nos acostumbramos a las aflicciones y creemos que nunca habrá algo mejor. ¡Mentiras de la mente! Hoy es el día para comenzar el cambio y convertirnos en mejores personas. Ahora bien, tiene que haber un corazón dispuesto.

- **Escápate de ese laberinto de preocupaciones y suelta lo que robe el espacio de Dios en tu vida.** Déjate llenar de su presencia. Su presencia te irá llenando a medida que lo busques cada día. Comenzarás a experimentar esa paz que permanece aún en medio de las circunstancias. Recuerda: la paz no es la ausencia de aflicciones, sino la presencia de Dios.

Hoy te abrazo en oración para que puedas sanar tu corazón y ser libre en el Señor. Aun sin conocer tu cruz, cargo la mía a tu lado. Si te fijas en mi historia, nunca oré a Dios por sanidad, solo clamé a Él buscando una respuesta; pedí que me mostrara lo que no podía ver. Abrí mi corazón a Él, permití que entrara y se sentara en mi mesa. Renuncié a los anhelos de mi corazón y dejé que hiciera su voluntad en mi vida. Esperé y resistí, y Él me transformó y me honró.

¡Resiste! Dios honra la espera y la resistencia. Somos vasijas diferentes, para diferentes propósitos, pero todas pertenecemos al mismo alfarero. Sé paciente. El día de la siembra no es el mismo de la cosecha. No olvides que el milagro no está en el resultado final, sino en la transformación que ocurre en la temporada de espera.

Dios es experto en superar nuestras expectativas y bendecirnos con mucho más de lo que merecemos. La realidad es que no somos merecedores de tanto, pero Dios es bueno y no sabe dar poco.

Cree, confía y espera, porque si Dios lo hizo conmigo, ¡también lo puede hacer contigo!

Lucas 1:45, NVI

«Dichosa tú que has creído, porque lo que el Señor te ha dicho se cumplirá».

Escribe tus reflexiones aquí:

AGRADECIMIENTOS

---

*A*hora que hemos llegado al final de esta jornada, no quiero dejar de agradecer a quienes fueron mis pilares y mi apoyo durante cada temporada que pasé. Sin duda alguna, cada uno de ellos ha sido una bendición en mi vida.

Marlon, gracias por tomarme de la mano y caminar junto a mi en esta hermosa jornada llamada vida. Gracias por haber abierto tu corazón a Dios y haberle permitido formar el hombre que eres hoy. Mi amor, ¡cuánto hemos crecido en el Señor! ¡Amo ver lo que Dios continúa haciendo en nuestras vidas para su gloria! Gracias por ser un ejemplo a seguir para nuestros hijos y gracias por darle el primado a Dios, como hombre, esposo y padre. Gracias por utilizar todas tus herramientas para que este hermoso libro llegue al alcance de las multitudes que Dios me prometió. Sin duda alguna, eres tú mi perfecto amor. ¡Te amo!

Lucas e Isabella, *Mommy loves you with all her heart!* Verlos es ver la gloria de Dios en mi vida; verlos es recordar cada día que para Dios no hay nada imposible. Sin duda alguna, pasaría mil veces más por aquel desierto para poder ser su mamá. El día que terminen las páginas de mi vida, ustedes serán los capítulos más hermosos. ¡Son mi mayor regalo del cielo!

A mi mejor amiga: ¡mi mamá! Gracias por cada consejo, cada abrazo y cada lágrima que junto a mí derramaste en medio de mi dolor… Ya ves, Dios nos devolvió cada lágrima en bendiciones. Papi, eres el hombre con el corazón más genuino que he conocido. Dios escuchó cada oración por mi vientre y en su momento, me sanó. ¡Qué privilegio y bendición es llamarlos mis padres! ¡Gracias por todo y por tanto! ¡Los amo!

A mis cuatro hermanos. Ser la única nena me llevó a tener los mejores modelos a seguir. ¡Qué bendición! Mi mayor recompensa de parte de ustedes han sido sus logros, los disfruto como si fueran míos, pues somos raíces de un solo árbol. Los miro y veo liderazgo, superación, esfuerzo, honradez, metas cumplidas y unos corazones muy bondadosos.

Pastora Raquel, jamás había conocido una mujer con un amor y pasión tan grande por Dios y por sus ovejas. Así como el pastor dejó a las 99 para rescatar a una sola oveja, así te hemos visto en nuestras vidas. Gracias por siempre estar y por la bendición de su cuidado y consejos.

Janice, hoy puedes ver los frutos de aquellos diez años de oración por Marlon. Dios lo hizo y tú eres el instrumento que Él utilizó, tanto para cubrir a Marlon en oración, como para guiarme a ser una mujer sabia y prudente. Gracias por ser un modelo a seguir y por cada consejo que nos apartó del mundo y nos acercó más a Dios. Eres una bendición en nuestras vidas.

A mis suegros, gracias por abrirme su corazón como una hija. Gracias por sus mejores consejos y por tanto amor.

Maggie, Elsie, Laura: ¡gracias! Gracias por ser pilares que sostuvieron mis brazos cuando pensé que jamás los levantaría. Sin duda alguna, cada una de ustedes tiene un lugar muy especial en mi corazón.

Emilia, Matías, Irma: ¡gracias! Gracias por ser instrumento de Dios en mi vida. Gracias por ser el puente que me llevó a conocer a Dios.

Medical Alert Ambulance Service & Elite Paramedics, gracias por tan hermoso gesto de creer en el potencial de este proyecto y bendecirnos con su apoyo.

A todos mis lectores y al hermoso grupo «Amadas por Dios», ¡gracias por ser parte de esta hermosa bendición! ¡Los amo con todo mi ser!

Agradecimiento especial a:

SOBRE LA AUTORA

*R*osalina Núñez, FNP-BC, es una destacada creadora de contenido, esposa, madre, y sobre todo, hija de Dios, cuyo testimonio de vida alcanza a miles de personas cada día a través de los medios digitales.

Nacida en Brooklyn, NY, pero criada en Barranquitas, Puerto Rico, Rosalina se ha desarrollado profesionalmente en el campo de la salud, siendo esta su vocación desde muy joven. Durante sus años de escuela intermedia, participó en ferias científicas, donde obtuvo el primer lugar a nivel regional y estatal, y en la escuela superior participó en el programa de honor donde presentó su monografía y ganó el primer lugar. Culminó la escuela superior con un grado de excelencia académica, lo cual le permitió entrar a los niveles avanzados de literatura en la universidad Interamericana de Puerto Rico, Recinto de Barranquitas.

En el año 2009, Rosalina viajó a Italia como parte del programa de honor de la Universidad Interamericana de Puerto Rico, y su ensayo fue escogido entre 150 estudiantes del programa de honor, donde se destacó en el tema de la religión, la época del Barroco y las artes de la misma época.

En 2010 recibió su título como graduada MAGNA CUM LAUDE a nivel de Bachillerato del programa de Ciencias de Enfermería, y en 2024 culminó sus estudios en Medicina en Simmons University en Boston, MA.

En el año 2022, Rosalina comenzó a desarrollarse como creadora de contenido logrando un crecimiento exponencial en muy poco tiempo, ya que solo tres años después, se acerca a los 400 mil seguidores en la plataforma de Instagram, un alcance de 7 millones de personas al mes y una interacción directa de 415 000 personas diarias. A su vez, cuenta con una comunidad llamada «Amadas por Dios» con más de 14 mil miembros activos de distintas partes del mundo, donde juntos estudian la palabra de Dios.

En la actualidad, Rosalina vive con su esposo e hijos en el estado de Florida, desde donde desarrolla varios proyectos, entre los que se encuentran el pódcast y canal en YouTube «Yo Soy Rosalina» y su tienda en línea. Además, se prepara para visitar diferentes países presentando sus conferencias, talleres y este, su primer libro.

Si quieres conocer más acerca de la autora o contactarla para entrevistas o eventos, visita:

www.yosoyrosalina.com

Email: info@3eagency.com
IG: @yosoyrosalina
Tik tok: @yosoyrosalinanunez
YouTube: Yosoyrosalina